창의적인 아이로 키우는
발도르프 음악교육

창의적인 아이로 키우는 발도르프 음악교육

1판 1쇄 인쇄일_ 2013년 11월 15일 | 1판 1쇄 발행일_ 2013년 11월 20일 | 지은이_ 김현경 |
그린이_ 김정은 | 펴낸이_ 류희남 | 편집장_ 권미경 | 악보 사보_ 박자경 | 펴낸곳_ 물병자리 |
출판등록일(번호)_ 1997년 4월 14일(제2-2160호) | 주소_ 110-070 서울시 종로구 새문안로5
가길11, 601호(내수동, 옥빌딩) | 대표전화_ (02) 735-8160 | 팩스_ (02) 735-8161 | 이메일_
aquari@aquariuspub.com | 트위터_ @AquariusPub | 홈페이지_ www.aquariuspub.com/ | ISBN_
978-89-94803-22-7 03370 | 이 책의 어느 부분도 펴낸이의 서면 동의 없이 어떤 수단으로도
복제하거나 유포할 수 없습니다. 잘못된 책은 바꿔 드립니다.

이 도서의 국립중앙도서관 출판사도서목록(CIP)은 서지정보유통지원시스템 홈페이지(http://seoji.nl.go.kr/)와
국가자료공동목록시스템(http://www.nl.go.kr/kolisnet)에서 이용하실 수 있습니다.(CIP 제어번호 : CIP2013022499)

창의적인 아이로 키우는
발도르프 음악교육
Waldorf-Musikerziehung

유년기 때 필요한 균형과 조화

김현경 지음 l 김정은 그림

물병자리

"왜 어린이들이 악기를 연주해야 하는가! 왜 악기를 배워야 하는가! 악기 교육의 본질을 간과하여 자칫 기계적인 테크닉을 연마하는 것에만 치중하게 될 수 있는 요즘의 음악교육에서 결코 놓치지 말아야 할 음악교육의 본질적인 요소와 진정한 의미의 예술교육이 무엇인지 다시 한 번 생각해보게 하는 책이다."　　　　　　　　　　　　　　　— 피아니스트 배성은

"자신이 하고 싶은 꿈보다 해야 하는 당위성의 옷을 입고 사는 현대인을 중심에 놓고, 교육적, 인지학적 관점으로 음악이야기를 풀어가면서, 자기가 원하는 것이 무엇인지, 무엇을 위해서 살고 있는지 그 의미를 확실하게 전달하고자 하는 책이다."　　　　　　　　　　　— 특수교사 남현미

"저자 김현경은 그 어떤 교육의 형태, 내용, 방법보다도 더 중요한 교육자의 인격을 강조하며 자유와 존엄성이 손상되지 않아야 하는 유년기의 교육이 어떻게 이루어질 수 있을지 그 진수를 보여준다. 그래서 저자 김현경은 이렇게 말했다. '남의 교수법을 그대로 모방할 목적으로 이 책을 선택한 사람은 결코 이 책의 내용을 이해하지 못할 것이며 활용하지도 못할 것이다.'"

— 교육학 박사 이춘선

"이 책을 통해 어렵다고 생각했던 발도르프 음악교육에 대한 이해와 진정한 교육의 방향을 아이들의 입장에서 진지하게 생각해보게 됩니다. 앞으로 저 스스로에게, 그리고 저와 함께 할 아이들에게 음악을 통하여 건강한 만남과 꿈과 희망을 가질 수 있도록 노력하고 기대해봅니다."

— 특수교사 허진형

■ 목차

• 추천글 · 04
• 서문 · 09

1장 발도르프 교육을 받아들이는 자세
• 감각이 둔해진 현대인들 · 18
• 발도르프 교육의 부작용 · 21
• 발도르프 교육의 본질 · 22

첫째, 자연스러운 교육이다
둘째, 공동체 교육이다
셋째, 창조적인 교육이다

2장 음악교육, 왜 필요한가?
• 움직임 · 33
• 언어발달 지연과 움직임의 관계 · 35
• 음악의 놀라운 힘 · 37

3장 아이들의 발달단계에 적합한 음악교육
• 손유희 또는 스킨십 놀이 · 52

- 강한 자극과 ADHD · **57**
- 노래와 동작 · **58**
- 박, 그리고 리듬 · **62**
- 악기교육 · **65**
- 자발적 집중력과 끈기로부터 창조력 키우기 : 놀이 · **70**
- 모든 인간은 자기만의 속도를 가지고 있다 · **73**
- 악보에 대하여 · **76**
- 제창과 돌림노래, 그리고 필수가 아닌 악기반주 · **81**
- 합창 · **86**
- 5도의 느낌과 5음계 · **90**
  - 7도의 예
  - 5도의 예
  - 3도의 예
- 노래의 선택 · **102**

4장 아이에게 맞는 악기의 선택

- 어떤 악기를 배우는 것이 좋을까? · **111**
- 사고 : 관악기 · **114**
- 감정 : 현악기 · **115**
- 의지 : 타악기 · **117**
- 피아노 · **121**
- 어린이 라이어 · **127**

5장 리코더를 재미있게 가르치는 방법

- 리코더의 역사 · 135
- 리코더 지도에 앞서 · 137
- 리코더 구멍을 손에 익히는 연습 1 · 141
- 리코더 구멍을 손에 익히는 연습 2 · 142
- 리코더와의 첫 만남 : 소리내기 · 144
- 놀이식의 연습 · 150
- 청음연습 · 152
- 릴레이 연습 1 · 154
- 릴레이 연습 2 · 155
- 릴레이 연습 3 · 156
- 크레센도 연습 · 157
- 데크레센도 연습 · 158

- 맺음말 · 159
- 부록 : 아이와 함께 부르는 계절 노래 · 163
- 미주 · 169
- 참고문헌 · 171

　　루돌프 슈타이너는 음악을 지성이 침범하지 못하는 유일한 영역이라고 이야기 합니다. 음악회에 가보았거나 실황연주를 들어본 사람이라면 반드시 이 경험을 했을 것입니다. 사진전이나 전시회, 무용과 같은 공연 등 시각적인 공연을 관람할 때 우리는 그것을 보며 그것으로부터 어떤 의미를 찾으려고 머리로 사고합니다. 즉, 사고한 후 느끼는 경우가 많습니다. 하지만 음악회는 어떤가요? 음악은 듣는 순간 바로 우리의 지성이 아닌 가슴으로 들어옵니다.

　　음악을 들으며 그것을 해석하려 하지 않습니다. 듣는 순간 바로 느낍니다. 머리로 이해할 필요가 없습니다. 그것이 음악의 힘입니다. 이것은 음악적 소양과 관계없는 사실입니다. 해석하는 순간 그것은 음악이 아닌 '이론'일 뿐입니다. 그래서 음악적 소양이 깊은 사람은 진정한 음악감상을 할 수 없는 경우도 있습니다. 음악을 재고, 따지고, 판단하며 듣기 때문입니다.

지성이 유일하게 침범하지 못하는 영역인 음악을 이 시대에 굉장히 특별하게 여길 필요가 있습니다. 우리는 주지주의 시대를 살고 있는 현대인들의 불균형적인 삶에 대해 되돌아봐야 합니다. 직접 경험하고(의지) 느껴보는(감정) 것이 생략된 주지주의 시대의 삶은 자칫하면 의지가 꺾인 수동적인 삶이 될 수 있습니다. 이런 현실 속에서 무엇보다도 필요한 교육은 사고와 감정과 의지가 조화를 이루는 주체적인 인간을 길러내는 교육입니다.

주체적인 인간으로 성장시키는 교육에 있어 호기심과 즐거움은 매우 중요한 요소입니다. 무엇엔가 호기심을 느낀다는 것은 그 무언가를 기꺼이 알고 싶어한다는 의미입니다. '배우고자 하는 의지'가 깨어나는 것입니다. 그리고 호기심은 바로 '용기'를 의미합니다.

주저없이 기꺼이 새로운 것을 경험하고 싶은 욕구는 아이들에게서 볼 수 있는 대단한 용기입니다. 그러한 아이들의 용기를 격려하며 그들이 그 용기를 잃지 않도록 그들 곁에서 자연처럼(꽃을 피우기 위한 해, 바람, 비처럼), 자연스럽게 그들을 동행하는 것이 우리 어른들의 역할입니다.

안타깝게도 성장 환경으로 인해 쉽게 용기를 내지 못하는 아이들도 있지만 그들 안에서도 얼마든지 용기는 깨어날 수 있습니다. 어른들이 욕심으로 아이들의 자유를 억압하지 않고 내적으로 그들을 지지하고 믿어준다면 말이지요.

국내에 발도르프 교육에 대한 관심과 수요가 나날이 증가하고 있습니다. 지금도 어디선가 발도르프 학교를 설립하기 위한 준비가 한창입니다. 하지만 이러한 관심이 과연 발도르프 교육의 본질에 대한 관심인지는 좀 더 살펴보아야 할 것입니다.

발도르프 교육은 오직 발도르프 학교에서만 가능할까요? 이 세상에는 수많은 발도르프 교육기관이 존재합니다. 하지만 발도르프 교육이 추구하는 진정한 의미의 '교육예술'을 실천하는 것은 쉬운 일이 아닙니다.

'교육예술'이란 교육은 예술이며, 예술처럼 창조적으로 구성된다는 뜻입니다. 교육은 외형적으로 보이는 것을 그대로 흉내 내거나 획일적으로 이루어지는 것이 아닙니다. 만약 발도르프 교육이 그 근원지인 독일과 똑같이 또는 비슷한 유형을 갖춘 곳에서 똑같은 수업재료로만 가능하다고 하면 그것은 진정한 의미의 발도르프 교육이 아닙니다. 교육은 그것의 본질을 지키고 상황에 맞게 활용하며 재창조할 수 있는 것입니다.

이미 존재하는 것을 그대로 흉내 내다보면, 겉으로 보이는 물질적인 부분에만 정신을 쏟게 될 위험이 있습니다. 또한, 활용하거나 재창조를 할 경우에는 본래의 것을 변질시킬 위험이 있습니다. 그러나 제가 경험을 통해 알게 된 한 가지 변함없는 사실은, 교육에 있어서 교육의 형태와 재료도 중요하지만 그보다 더 중요한 것은 바로 교육자의 인격이라는 것입니다. 주입식 교육이건 열린 교육이건 그 내용도 중요하지만, 그보다 교육자의 인성과 자질이 학생들에게 더 큰 영향을 미친다는 사실입니다.

초등학교 2학년 시절, 종례시간에 담임선생님은 동요나 〈개똥벌레〉

등의 가요를 가르쳐 주셨습니다. 그 가요는 '발도르프 교육'에서 이야기하는 초등학교 저학년들에게 어울리지 않는 노래였지만, 그 노래를 배우면서 저는 담임선생님으로부터 온기를 느꼈습니다. 그 온기가 그분을 지금까지도 저에게 살아 있는 훌륭한 본보기로 남아 있게 했습니다.

아무리 초등학교 저학년에게 어울리는 노래라 해도, 그 자질이 미흡한 교사가 그 노래를 가르친다면 그것이 과연 아이들에게 좋은 영향을 미칠 수 있을까요? 가르치는 일을 하는 사람은 배우는 사람에게 단지 이론이나 지식만 일방적으로 전달(주입)하는 사람이 아닙니다. 그는 배우는 사람이 스스로 느끼고 깨달을 수 있도록 방향을 제시해 주는 역할을 하는 것입니다. '방향 제시자'라는 중요한 역할을 하기 위해서 '스승'은 '제자'를 이해하고 그와 교감할 수 있어야 하는 것은 물론이며, 그 누구보다도 본보기가 되는 삶을 살아야 합니다.

제자와 교감하며 본보기로서의 스승이 되기 위해서는 사람의 마음을 헤아릴 수 있는 섬세함, 충분히 기다릴 수 있는 인내심, 그리고 삶에 대한 확고한 신념이 필요합니다. 특히 삶에 대한 확고한 신념을 가진 스승은 제자에게 '믿음'을 줄 수 있습니다.

자기가 원하는 것이 무엇이며, 무엇을 위해 살고 있는지 그 의미를 확실하게 알고 있는 사람은, 자신이 세워둔 목표를 향해 전진하는 사람과 같습니다. 만약 자기가 원하는 것도 불분명하고, 목표도 목적도 없이 단지 가르치는 '일'을 하는 사람이라면, 그러니까 자기 스스로도 방향을 잡지 못한 사람이라면 그런 사람이 누군가에 어떻게 방향을 제시할 수 있을까요?

슈타이너는 인간을 구성하는 세 가지 요소를 사고, 감정, 의지로 보았습니다. 현대의 교육은 사고, 즉 머리만 키우는 경향으로 치우쳐가고 있습니다. 하지만 머리만 키우는 것은 사고의 경직을 불러일으킵니다.

사고와 의지가 적절히 조화를 이룰 때, 비로소 우리는 '진정으로' 느낄 수 있습니다. 머리만 쓰는 사람이 모든 것을 비판적으로 바라보며 타인의 감정을 상하게 하는 언어폭력을 휘두르는 것, 그리고 객관적으로 바라보고 판단할 수 있는 이성의 힘이 발달하지 못해 늘 의지가 먼저 발동해 폭력을 휘두르는 것, 이것은 '진정으로' 느끼지 못하는 데서 오는 인류에게는 일종의 참사입니다.

이러한 불균형은 사고 쪽이든 의지 쪽이든 '자제력과 판단력의 부재'라는 측면에서 보았을 때 이미 정신적인 부분에 문제가 있다는 것을 의미합니다. 뿐만 아니라, 정신적인 문제는 육체적인 질병을 일으키는 원인이 됩니다. 예를 들어 의지의 발동을 자제할 수 없는 사람이 아무렇지 않게 (잔인한) 행동을 하여 자신의 몸을 심하게 다치는 육체적인 장애를 얻게 될 수도 있습니다. 또한, 사고만 하는 사람은 생각이 극단적으로 치달아 그 스트레스로 인해 암과 같은 내과 질병에 쉽게 노출될 수 있을 뿐만 아니라 앞서 말씀드린 것처럼 움직임이 부족한 관계로 신진대사가 원활하지 못해 병이 생길 수도 있습니다.

현재 시급한 문제는 바로 이러한 불균형 상태를 다시 균형 있게, 조화롭게 만드는 일입니다. 특히 교육에 있어서 말입니다. 더 느낄 수 있고, 더 만끽할 수 있는 환경을 조성하는 것이 이 시대의 교육적 과제입니다.

1장

발도르프 교육을
받아들이는 자세

해와 비와 적당한 바람 없이 저절로 꽃을 피울 수 없습니다. 이렇게 꽃을 피우는 과

정에서 동반자 역할을 하는 것이 바로 자연스러운 교육입니다. 그리고 이것이 발

도르프 교육의 본질입니다.

창조력 없이 있는 그대로 모방하려다 범하게 되는 가장 큰 실수는, 바로 외형으로 보이는 것에만 정신을 쏟는 것입니다. 네덜란드의 의사 알베르트 수스만은 그의 저서 《영혼을 깨우는 12감각》에서 진정으로 인지학(人智學, anthroposophy)[1]을 실천하기 위해서 우리는 물질주의자(Materialismus)가 되어야 한다고 주장합니다. 여기서 물질주의는 '물질이 전부'라는 것 또는 '값비싼 물질'이라는 뜻이 아닙니다. 그것이 무엇이든 어떤 좋은 물질(제료)을 사용하는데 그 이유와 목적을 잘 알고 사용해야 한다는 뜻입니다.

예를 들어 어린이가 아플 때 병원에서는 어른과 똑같이 처방하지 않습니다. 아직 그들의 신체기관이 어른들이 복용하는 약을 소화해낼 정도로 성장해 있지 않기 때문입니다. 어린이에게는 어린이에게 적절한, 또는 어린이에게 유익한 것, 해가 되지 않는 것을 제공한다는 의미에서 우리는 물질주의자가 되어야 한다는 것입니다. 이러한 건강한 '물질주의'는 비단 어린이에게만 해당되는 문제가 아닙니다.

현대인들은 '왜, 어떻게, 어디에'라는 내적인 질문 없이 그냥 '좋다'라고 들리는 소문에만 주의를 집중하려는 경향이 있습니다. 그 이유는 현대인들의 감각이 매우 둔해져 있기 때문입니다.

♪ 감각이 둔해진 현대인들

이렇게 현대인들의 감각이 둔해진 데는 그럴 만한 이유가 있습니다. 21세기를 사는 우리는 자신의 감각을 사용하기보다, 외부에서 일방적으로 자극받고 사는 데 익숙합니다. 예를 들어, 낯선 장소에 찾아갈 때 예전에는 길에서 마주치는 사람에게 길을 묻고 그 길을 머릿속으로 상상하며 찾아갔습니다. 그러나 지금은 스마트폰을 이용해 자신의 감각을 사용할 필요도 없이, 휴대폰 액정에 뜬 그림을 보며 수동적으로 따라갑니다.

또한, 직접 손을 사용해 음식을 만들어 먹기보다는 이미 만들어진 음식을 데우거나 끓이는데 익숙해져 있습니다. 시간적 여유가 없기 때문이라지만 그럴수록 더 시간에 쫓기는 삶을 살고 있습니다. 미래에는 혼자 일어설 수조차 없어 일어서기 위한 도구를 사용할 것이라는 풍자적인 의견들이 떠돕니다. 어쩌면 그리 놀랄 만한 것도 아니겠습니다. 그것은 자립 능력의 상실을 상징하기 때문입니다.

우리는 점점 외부 감각을 일방적으로 받는 것에 익숙합니다.
그로 인해 점점 자립능력을 잃어가고 있습니다.

　게다가 우리는 사람과 마주하기보다는 기계와 마주하며 인간 관계를
잃어가고 있습니다. 이렇게 둔해진 감각은 옳고 그른 판단 감각조차 둔하
게 만듭니다. 남들이 좋다고 하면 목적 없이 그대로 따라하는 경향이 생
깁니다. 이것은 마치 마취된 상태로 행동하는 것과 다를 바가 없습니다.
　병원에서 수술 전 '마취 상태'에 있는 환자에게 질문을 하면 그는 아

무 대답도 할 수 없습니다. 지나친 표현이라 생각할 수도 있지만, 실제로 자녀를 발도르프 교육 현장에 보내는 많은 부모들에게 "왜?"라는 질문을 던지면 대답을 하지 못합니다. 단지 "좋으니까", "아이가 좋아하니까"라고 대답하는 경우가 많습니다. 과연 무엇을 근거로 좋다는 것일까요? 바로 이것이 '마취 상태'의 위험성입니다. 그냥 좋다고 느끼는 것이 경우에 따라 좋은 일이 되기도 합니다. 하지만 이것은 발도르프 교육을 왜곡시키는 원인이기도 합니다. 이유를 모른 채 값비싼 물질(교육 재료)만을 추구하기 때문입니다.

발도르프 교육을 접하기에 앞서 인간의 12개의 감각을 공부하고 그 감각들을 섬세하게 만들기를 권하고 싶습니다. 세상을 바라보고 느낄 수 있는 감각이 살아 있어야, 비로소 우리는 이 세상과 건강한 방식으로 관계를 맺고 살아갈 수 있기 때문입니다.

위에서 표현한 '마취 상태'는 나의 감각이 아닌 타인 혹은 대중의 감각으로 세상과 관계를 맺는 것입니다. 그것은 마치 사람마다 필요한 염분의 양이 다른데, 내게 필요한 소금 양이 아닌 타인에게 필요한 소금 양으로 음식의 간을 맞추는 것과 같습니다. 그 결과 나도 모르는 사이에 내 건강을 해칠 수도 있습니다.

쇼펜하우어는 '세계는 나의 표상'이라고 표현했습니다. 이 말에 감각을 섬세하게 만들어야 할 또 다른 이유가 담겨 있습니다. 나의 감각이 살아 있을수록 이 세상의 본질에 다가갈 수 있기 때문입니다. 그리고 타인의 세상(타인의 정신세계)을 이해할 수 있기 때문입니다.

교육자와 부모에게 필요한 것은 얄팍한 지식이 아닌 인간에 대한 이해입니다. 모두가 서로의 세계를 이해할 수 있다면 이 세상은 건강한 세상이 될 것입니다.

'그냥 좋아서' 행동하는 사람은 겉으로 보이는 물질적인 것은 흉내 낼 수 있습니다. 그러나 그 본질까지 따라가는 데는 오랜 시간이 걸립니다. 어쩌면 본질을 전혀 파악하지 못할 수도 있습니다. 그래서 발도르프 교육에도 부작용이라는 것이 있을 수 있다는 것입니다.

발도르프 교육의 부작용

본질을 파악하려는 노력 없이 교육의 외형만 염두에 두는 경우, 자녀들의 유년기가 풍성해지는 것이 아니라 자녀를 이기주의자로 키우게 됩니다. 이것이 무슨 뜻일까요? 발도르프 교육은 '공동체교육'입니다. 공동체라는 것은 함께 더불어 살아간다는 의미입니다. 그런데 발도르프 교육 현장(물론 교육의 종류를 떠나 모든 교육 현장에 해당되는 이야기입니다)에서 내 자녀만 귀하게 생각하여 '좋다고 하는 그 무엇'만을 취하려 하고, 그 과정에서 타인의 자녀는 소중히 여기지 않는다면 발도르프 학교(또는 교육)의 의미는 사라집니다.

이러한 현상은 유아교육 현장에서 학교에 이르는 여러 곳에서 볼 수 있습니다. 그 한 예가, 내 아이 교육에 '방해'가 될 것 같다는 이유로 타인의 자녀를 받아주지 않으려 하는 것입니다. 본질에 대한 파악 없이 단지 발도르프 교육이 '좋다고 하기 때문에' 자녀를 발도르프 학교에 보낸다면, 이렇게 이기적인 부모의 자녀는 그 부모로부터 이기심을 물려받게 될 것입니다. 발도르프 교육뿐만 아니라, 아이들을 위한 교육은 이기심과는 어울리지 않습니다. 교육이란 좋다고 소문난 어떤 특별한 장소에서, 또는 훌륭하다고 소문난 누군가에 의해 이루어지는 것이 아닙니다. 진정으로 발도르프 교육을 받아들이기 위해서는 마취 상태로 행동하지 말아야 합니다. 마취에서 깨어나 그 본질에 다가가야 합니다.

발도르프 교육의 본질

첫째, 자연스러운 교육이다

발도르프 교육은 어떤 특수한(혹은 특별한) 교육이 아닙니다. 인간의 발달단계를 고려한 자연스러운 교육입니다. 자연스러운 것은 인위적인 것과 대조됩니다. 자연스러운 것은 그야말로 자연과 같습니다. 씨앗에서 새싹이 돋아나고 꽃이 피는 과정은 씨앗 혼자서 이룰 수 있는 과정이 아닙니다.

해와 비와 적당한 바람 없이 저절로 꽃을 피울 수 없습니다. 이렇게 꽃을 피우는 과정에서 동반자 역할을 하는 것이 바로 자연스러운 교육입니다. 그리고 이것이 발도르프 교육의 본질입니다. 계절과 관계없이 비닐하우스 속에서 성장과정을 조절해 꽃을 피우는 것은 인위적인 교육입니다. 아직 걷지 못하는 아이를 일으켜 세워 훈련시키는 것과 같습니다.

발도르프 교육은 언제, 어디서든 실천이 가능한 교육입니다. 이는 인간의 발달과정을 이해하고, 그에 맞게 지지해주는 교육입니다. 인위적인 혹은 기계적인 교육은 인간의 발달과정에 대한 무지에서 비롯됩니다.

둘째, 공동체 교육이다

발도르프 교육에 있어 또 하나의 본질은 바로 공동체 교육입니다. 공동체는 두 사람 이상이 소속된 집단입니다. 여기서 '소속'이라는 의미에 대해 진지하게 숙고해보아야 합니다. 우리는 누구나 어디에든 소속되어 있습니다. 국가에 소속되어 있고, 가족에 소속되어 있고, 직장에도 소속되어 있습니다.

만약 우리가 여행을 목적으로 해외에 나간다면, 우리는 자연스럽게 한국의 대표가 됩니다. 그래서 해외에서 예의에 어긋난 행동을 하면, 외국인들은 '한국 사람들은 예의가 없다'고 한국 자체를 평가절하하기도 합니다. 반대로 외국에 나가 예의 바르게 행동하면 '한국 사람들은 참 예의가 바르다'고 칭찬을 받기도 합니다.

이러한 일반화는 때로 억지스럽고 위험하기도 합니다. 하지만 인간의 이기적인 마음을 바로잡는데 큰 몫을 하기도 합니다. 나는 곧 한국이자 한국은 나이기도 합니다. 그러므로 내가 소속된 집단은 바로 나입니다. 나는 우리 가족이며, 나의 직장이기도 합니다. 이것은 무얼 의미할까요?

내가 한국인이며 우리 가족이라는 사실을 망각하는 순간, 나는 내가 소속된 집단에 피해를 주기도 합니다. 나만 생각하고 내 마음대로 행동하기 때문입니다. 약물중독 의사, 제자를 성추행하는 교수, 학력을 위조하는 예술가들은 자신의 소속집단을 망각한 자들의 대표적인 예입니다.

이기적이고도 개인적인 목적으로 소속되려 하거나 소속집단을 만드는 것은 발도르프 교육의 본질에서 벗어납니다. 소속은 결코 나의 외로움과 혼자라는 불안감을 달래기 위해, 혹은 나의 욕심을 채우기 위해 이용하는 것이 결코 아닙니다. 소속은 책임감을 필요로 합니다.

발도르프 학교는 개인의 이득을 취하기 위해 만들어진 소속집단이 아닙니다. 나의 아이가 소중한 만큼 타인의 아이도 소중하게 여기는 것이 바로 발도르프 교육입니다. 그리고 그것이 바로 자연스러운 교육입니다.

셋째, 창조적인 교육이다

창조성은 늘 새로울 수 있다는 뜻이고 획일적이지 않다는 뜻입니다. 똑같지 않고 늘 새롭다는 것은 '언제 어디에서 어떻게든' 실천 가능하다는 뜻을 담고 있습니다.

발도르프 교육만이 창조적인 교육은 아닙니다. 이 세상의 모든 교육은 창조적으로 이루어져야 합니다. 모든 학생들에게 똑같은 수업재료를 가지고 똑같은 방식으로 똑같은 내용을 가르치는 것은 창조적인 교육이 아닙니다. 교육은 흉내를 내서 이룰 수 있는 성질의 것이 아닙니다. 흉내만 내는 경우 물질적인 부분만 과장되어 드러납니다.

예를 들어 여장 남자를 떠올려 보세요. 여장을 한 남자는 정작 보통 여자들은 꺼리는 매우 진한 립스틱을 바르고 몸매와 몸짓을 과장해서 표현합니다. 본래 나의 것이 아닌 것을 흉내만 내려다보면 그렇게 본질은 사라지고 과장된 외형만 드러나게 됩니다. 여장 남자의 대부분이 그런 모습을 보여줍니다.

그런 흉내 속에서 창조성은 찾아볼 수 없습니다. 내 옷이 아닌 '남의 옷'을 걸치고 있기 때문에 자유롭지 못합니다. 40대 여성이 10대 소녀들 사이에서 유행하는 의상을 입고 다닌다면 당사자도 불편할 테지만 우리가 보기에도 그다지 흐뭇하지 않을 것입니다. 남의 옷이 아닌 나에게 맞는 옷을 찾아 입을 수 있는 능력이 바로 창조력입니다.

창조력이 없는 발도르프 교육 현장이란 독일의 발도르프 교육 현장을 통째로 복사해 놓은 것처럼 외형만 추구하는 곳입니다. 발도르프 교육이 본래 의미하는 바를 꿰뚫어 봐야 합니다. 그것은 바로 '이곳에서는 아이들의 개별성이 존중되며, 모두가 사랑받을 수 있고, 또 아이들이 스스로 자기에게 맞는 옷을 찾아 입을 수 있는 힘을 기르며 성장할 수 있도록 지지하기 위한 장소'라는 것입니다.

예를 들면, 독일 발도르프 학교에서 유년기 아이들과 5음계로 이루어진 노래를 부르는데 왜 그런 음계의 노래를 부르고 연주하는지, 그리고 '왜 노래를 부르는지' 그 이유와 본질을 알아야 한다는 것입니다.

무조건 5음계 노래만 부르는 것이 아니라 '노래의 힘'에 대해 숙고하고, 우리 아이들에게 어울리는 다양한 노래들을 수업에서 사용할 수 있어야 합니다.

악기도 마찬가지입니다. 발도르프 학교에서 '왜 악기수업을 하는지, 왜 음악수업을 하는지' 그 본질에 대해 제대로 파악한다면, 한국에서 준비하기 부담스러운 값비싼 악기가 아닌 부담 없이 쉽게 구할 수 있는 악기들로 얼마든지 발도르프 교육철학에 근거한 수업이 가능하게 됩니다.

융통성과 유연성을 요구하는 것이 바로 창조력입니다. 창조력이 없다는 것은 사고가 굳어 있다는 뜻입니다. '오직 그것만이 진리'가 아니라 '왜', '무엇을', '어떻게' 하는지 깊이 들여다봐야 합니다. 그래야 비로소 창조적인 교육이 가능해집니다. '그것은 꼭 필요하고, 저것은 절대로 하면 안 된다'라고 말하는 교육이라면 그것은 창조적인 교육이 아닙니다. 교육에 정답이 없다는 사실은 우리 모두 알고 있는 사실입니다.

우리들의 부모님은 우리를 교과서대로 양육하시지 않았지만 (바라건대) 우리들은 건강하게 잘 성장했습니다. 그 이유는 부모님들이 (어떤 식으로든 각자 저마다의 방식으로) '최선을 다해, 정성을 다해, 사랑을 담아' 우리들을 키우셨기 때문입니다. 이것은 꼭 하고 저것은 절대로 하지 않아서 모두가 잘 성장할 수 있을까요? 아무리 좋다는 것만 가려 받았더라도 거기에 정성과 사랑이 빠져 있다면 건강한 사람으로 성장할 수 없을 것입니다. 우리는 각기 다른 양육 방식에 의해, 그리고 거기에 정성과 사랑이 더해져 이렇게 성장했습니다.

그렇다고 형태도 없는 제멋대로인 교육을 하자는 뜻이 아닙니다. '왜', '무엇을', '어떻게' 하는지를 생각하는 것이 물질을 흉내 내는 것보다 더 중요하다는 것입니다. 그 멋진 물질 속에 담긴 본질을 보자는 이야기입니다. 없는 것을 무리하게 힘들여 갖추는 것이 아니라, 이미 가지고 있는 것을 활용할 줄 알아야 한다는 뜻입니다. 그것이 바로 창조력입니다. 언제, 어디서나, (빈부 상관없이) 누구에게나 적용 가능한 것이 바로 창조적인 교육입니다.

발도르프 교육의 본질은 과장이나 가식 없이 자연스럽게 '우리' 모두를 위하는 것입니다. 발도르프 교육 현장을 설립하기에 앞서 적어도 이 세 가지 사실, 그러니까 자연스러운 교육 그리고 공동체 교육, 창조적 교육에 대해 반드시 숙고해야 합니다. 발도르프 교육은 단지 공교육을 대신할 수 있거나 공교육보다 월등히 나은, 내 아이만을 위한 교육이 아니라는 것입니다.

2장

음악교육,
왜 필요한가?

음악활동은 늘 연습이 따르는 행위입니다. 연습은 꾸준한 반복으로 이루어지는 과

정입니다. 쉽지 않은 과정이지만 이런 과정이 있어야 결과물을 얻을 수 있다는 것

을 경험하게 합니다. 이것이 바로 음악의 힘입니다.

음악교육의 필요성에 대한 이야기를 꺼낼 때 늘 따라다니는 진부한 연구 결과가 있습니다. 진부하지만 굉장히 중요한 연구결과입니다. 음악교육 은 학습능력이 향상되도록 돕는 효과가 있다고 합니다(Wünsch, 1995). 그 결과는 음악수업을 한 그룹과 음악수업을 하지 않은 그룹으로 나누어 학 생들의 학습능력을 살펴본 것입니다.

　하지만 그러한 결과가 어떻게 가능할 수 있는지 설명한 보고서를 접 하기가 쉽지 않습니다. 제가 이것이 어떻게 가능한지, 인지학적인 관점에 서 구체적으로 설명해 보도록 하겠습니다. 그러기 위해 우선 유아들과의 음악교육을 먼저 살펴보겠습니다.

　유아들과의 음악교육에서 중점적으로 이루어지는 것은 놀이와 동작 교육입니다. 음악의 요소 중 리듬은 움직임이 수월하게 일어날 수 있도록 돕는 효과를 가지고 있습니다. 줄다리기를 할 때 "영―차! 영―차!" 하고 리듬을 타는 이유, 그리고 헬스클럽에서 리듬이 강조된 경쾌한 음악이 나

음악 수업은 학습 능력을 향상시키는 효과가 있습니다.

오는 이유 등이 그렇습니다. 그렇게 리듬이 동작을 돕기 때문에 아이들이 하는 대부분의 놀이에도 역시 그 놀이를 위한 노래가 있거나, 적어도 리드미컬한 말을 반복하도록 되어 있습니다. 즉, 음악교육은 움직임과 연결되어 있습니다. 음악의 요소인 리듬이 움직임과 연관이 있다는 것은 음악교육이 움직임과 연결된다는 사실로 이어집니다.

움직임

우리는 '움직임'이라는 단어에 잠시 집중해야 합니다. 오스트리아 빈 출신의 의사였던 칼 쾨니히(Karl König)는 그의 저서《치료교육적 진단(Heilpädagogische Diagnostik)》에서 인간의 모든 행위는 움직임으로 이루어진다고 했습니다. 심지어 인간의 행위는 물론이고, 인간의 신체기관도 끊임없는 움직임을 통해 우리의 신체를 유지하고 있습니다. 심장이 뛰고 혈액이 순환하면서 말입니다. 칼 쾨니히가 말하는 움직임은 단지 팔과 다리를 움직이는 '겉으로 보이는' 움직임만을 뜻하는 것이 아닙니다.

아기가 기어다니다 두 발로 서면서 걷기 시작하고 말을 하게 되면, 아이의 말하기는 사고하기로 이어진다는 사실을 우리는 잘 알고 있습니다. 이 과정을 잘 들여다보면 모든 발달의 과정이 움직임으로 이루어져 있습니다. 그리고 그 움직임의 방향이 아래에서(두 다리로 걷기) 위로(말하기와 사고하기) 올라가며 진행하는 것을 알 수 있습니다.

아래에서 위로 발달한다는 것이 과연 무슨 뜻일까요? 팔다리에서 머리까지로 이어진다는 의미입니다. 말하기와 사고하기도 움직임의 한 형태입니다. 말을 하기 위해서는 호흡기관을 비롯해 후두, 혀, 턱 등이 움직여야 합니다. 그렇다면 사고하기는 어떨까요? 우스갯소리로 '머리가 안 돌아간다'라는 말을 합니다. 이것은 사고하기가 움직임이라는 뜻을 내포하고 있습니다.

— 사고하기

— 말하기

— 걷기

아이의 모든 발달 과정은 움직임으로 이루어집니다.
팔다리에서 머리로, 즉, 걷기에서 사고하기로 아래에서 위로 진행됩니다.

유연한 사고 혹은 꽉 막힌 사고(경직된 사고)라는 표현을 사용하기도 합니다. 인간의 발달과정을 숙고해본다면 유연한 사고(사고의 활발함)는 결국 신체를 움직이는 활동으로부터 가능하다는 것을 실감할 수 있습니다.

실제로 우리는 움직이지 않고 책상 앞에만 앉아 있는 사람의 사고가 경직되어 있는 것을 자주 볼 수 있습니다. 앞뒤가 꽉 막혔다고 재미있게 표현되는 사람입니다.

여기까지의 내용을 주의 깊게 살펴보셨다면 해마다 언어발달이 지연되는 아동의 수가 급격히 늘고 있는 원인에 대해 추측하는 것이 어렵지 않을 것입니다.

언어발달 지연과 움직임의 관계

유아기 때 팔다리를 사용한 활동 즉, 신체를 움직이는 의지의 활동보다 가만히 앉아 있는 시간이 더 길었다면 그것은 언어장애 또는 언어발달 지연의 원인이 됩니다. 즉, 두뇌를 사용하는 활동만 장려한다면(발달의 과정을 무시한다면) 말입니다. 그래서 언어장애를 가진 아동들을 보면 바르게 걷지 못하는 것을 볼 수 있습니다.

물론 언어장애는 선천적으로 신체기관에 이상이 있거나, 전체적인 발달장애로 인해 발생하기도 합니다. 하지만 여기서 언급하고자 하는 언어장애는 현대사회에 빈번하게 발생하는 후천적 언어장애에 대한 것입니다. 물론, 선천적 언어장애도 그 치유 방식은 인간의 발달과정을 차례대로 밟아가는 것입니다. 인간의 발달 과정에는 그 순서가 있기 때문입니다.

전체적인 발달이 지체된 성인 중 언어장애를 가진 사람 역시 비틀거리며 걷거나 계단을 혼자 오르내리지 못합니다. 실제로 몇 년 전 뉴스를 통해 어떤 부모가 2살짜리 여자아이를 앉혀놓고 영어교육을 시켰는데, 아이에게 언어장애와 인지장애가 동시에 발생했다는 사실을 접했습니다.

인간의 발달 과정은 움직임의 과정입니다(아래로부터 위로). 그 움직임의 과정 중 어느 한 단계가 이루어지지 않으면 절대로 그 다음 단계로 발달하기 어렵습니다. 어린 시절 두뇌를 사용하는 활동만을 강요당하거나 경험한다면, 그것은 발달 순서를 역행하는 것입니다. 다시 강조하지만, 발달 순서는 결코 바뀔 수 없습니다.

활동적인 사람이 유연하고 창조적인 사고로 우리를 놀라게 하는 일을 자주 경험합니다. 활동이라는 것은 꼭 큰 동작에 국한되지 않습니다. 섬세한 수작업까지도 포함합니다. 무엇이든 '활동'하는 것은 인간의 사고가 유연하고도 창조적으로 이루어질 수 있게 돕습니다. 그래서 음악수업만이 아닌, 놀이와 동작으로 이루어진 체육수업, 미술수업, 또는 발도르프 교육에서 중요한 의미를 갖는 오이리트미 수업[2]의 필요성까지 인식할 수 있습니다.

여기 나열한 수업들의 특징을 살펴보면, 나름의 철학적이고 교육적 혹은 치유교육적인 큰 의미가 내재되어 있지만 크게 보면, '활동'하는 즉,

'움직이는 수업'이라는 점입니다. 그래서 발도르프 학교에서는 위에 나열한 수업뿐만 아니라, 다른 모든 수업도 '활동'적으로 이루어집니다.

♪ 음악의 놀라운 힘

음악은 기계의 도움 없이는 보관이 불가능한 장르입니다. 미술처럼 결과물을 남기거나 그것을 보존할 수 있는 것과 대비됩니다.

보관이 불가능하다는 것은 무엇을 의미할까요? 보관이 불가능하다는 것은 그것을 '현재'에만 접할 수 있다는 것입니다. '현재'를 어떻게 만드느냐에 따라, 그 '현재'가 영원할 수도 있습니다. 미래에도 과거의 것을 볼 수 있는 영원한 시간, 그러니까 '카이로스의 시간'이 되는 것입니다.[3] 모차르트의 음악이 몇백 년이나 살아 숨쉬는 것처럼 말입니다.

음악은 보관이 불가능하기 때문에 늘 '연습'이 필요합니다. 3년 전에 연주했던 곡을 3년간 연습 한 번 없다가 다시 연주했다고 합시다. 이때 3년 전 그때처럼 완성도 있는 연주를 하는 것은 불가능합니다. 마찬가지로 처음 만나는 곡을 하루아침에 완성도 있게 연주하는 것도 불가능합니다.

음악활동은 늘 연습이 따르는 행위입니다. 노래이거나 악기 연주이거나 말입니다. 연습은 꾸준한 반복으로 이루어지는 과정입니다. 쉽지 않은 과정이지만 이런 과정이 있어야 결과물을 얻을 수 있다는 것을 경험하게

스마트폰에 익숙한 아이들, 최소한의 움직임만으로 사는 현실 속에서
아이들은 삶의 절실함을 갖지 못합니다. 그것은 삶의 목적이 없는 것과 같습니다.

하는 것이 바로 음악의 힘입니다.

　오늘날 과정이 생략된 수많은 행위들을 접하는 아이들은 노력 없이 결과를 얻는데 익숙해져 있습니다. 특히 스마트폰의 보급으로 숙고하지 않고 손끝으로 가볍게 터치하면 결과물을 바로 얻습니다. 움직임을 최소화시키는 이러한 현실 속에서 노력이라는 과정 없이 쉽게 결과를 얻는 아이들은 어떤 행위를 하는 데 있어서 절실함이 없습니다. 위험한 사실은 절실함이 없다는 것은 삶의 목적이 없는 것과 같다는 것입니다.

　노력이라는 움직임 없이 살기를 원하는 사람들의 사고가 얼마나 정체되어 있는지를 볼 수 있습니다. 다양한 매체를 통해 스마트폰에 중독될 정도로 그것을 과다하게 사용하는 사람들의 경우, 암기력이나 추리력 등의 사고능력이 저하된다는 사실을 쉽게 접할 수 있습니다. 한 신문매체의 '디지털 기기 홍수 속 불편한 진실'이라는 제목의 기사를 보면 그 심각성을 알 수 있습니다. 다음은 간추린 기사내용입니다.

> '손안의 컴퓨터'에 중독…
>
> 스스로 생각하는 것은 '오류'
>
> 43% "어제 먹은 메뉴 기억 못해"
>
> 친구와 대화 80%는 채팅 · 메일로
>
> 기억력 감퇴 사회문제로 떠올라
>
> — 세계일보 2013년 7월 13일 기사에서 발췌

　이렇게 노력을 생략하는 것이 아무렇지도 않은 이 현실 속에서 간혹 연습을 해도 안 된다고 말하는 사람들이 있습니다. 아이는 물론 어른들도 그렇습니다. 이들은 진정한 연습의 의미를 모르기 때문에 그렇게 말합니다. 음악교육 박사 이데 유미꼬는 연습에 대해 이렇게 표현합니다.

　"연습은 될 때까지 하는 것이다."

연습을 해도 안 되는 것이 아니라, 아직 연습을 더 해야 하는 것이 맞는 것입니다. 하지만 이러한 과정을 경험하는 데는 고통이 따릅니다. 아이들이 고통 없이 결과를 손쉽게 얻으며 자란다면, 나중에 성인이 되어서 작은 일에도 크게 상처를 받고, 어려운 일이 생겼을 때 그것을 스스로 헤쳐 나갈 수 없습니다.

음악은 연습이라는 고통의 시간을 경험하게 하여 강인한 인격체로 성장하게 합니다. 특히 반복 행위인 연습을 통해 자신감을 높여주고, 그로 인한 성취감까지 맛볼 수 있는 대단한 힘을 가지고 있습니다.

하지만 이러한 음악교육에도 부작용이 있습니다. 처음 음악교육을 시작할 때 앉아서 (머리로) 하면 그렇습니다. 즉, 이론부터 시작할 때는 부작용이 생깁니다. 이 부분은 악보에 대한 이야기를 할 때 더 구체적으로 다루도록 하겠습니다.

인간이 동물과 구분되는 점은, 인간에게 이성이 있다는 사실 하나만이 아닙니다. 동물은 탄생과 동시에 빠른 시간 안에 몇 가지 고정된 동작 안에 갇혀 삽니다. 예를 들어, 새는 두 발로 총총 뛰는 동작과 먹이를 쪼는 동작, 그리고 날갯짓을 하는 동작 등 단 몇 개의 동작 안에 갇힌 동물입니다. 네 발 달린 짐승도 마찬가지입니다.

동물은 학습이 따로 필요하지 않은 타고난 동작 안에 갇혀서 평생을 보냅니다. 그러나 인간은 늘 새로운 동작을 연습하고 창조하며 살아갑니다. 서기 시작하면 걷고, 걷기 시작하면 말하고, 말하기 시작하면 사고하고, 사고하기 시작하면 또 새로운 의지로 누군가는 악기를 다루기도 합니다. 또 다른 누군가는 조각이나 건축을 하기도 하고, 의술을 익히기도 하며, 또 누군가는 다이어트를 하거나 여행을 즐깁니다.

이렇게 늘 새로운 결심과 함께 움직임을 창조해나가는 인간의 모습이 바로 동물과 구분되는 모습입니다. 악기를 연습한다는 것은 마치 어린 아이가 처음 걷기 시작한 날에는 서툴고 어색하게 걷지만, 그 새로운 동작을 반복하는 가운데 드디어 멋지게 두 발로 걷게 되는 것과 같은 이치입니다.

악기 연습은 새로운 동작이 자연스러워질 때까지 반복하는 또 하나의 창조적인 움직임입니다.

3장

아이들의
발달단계에 적합한
음악교육

책상 앞에 앉아 악보 상의 '도, 레, 미' 위치를 파악한다거나 '도, 레, 미'라는 글자를 익히는 것이 먼저가 아닙니다. 그것이 어떤 소리로 표현되며, 또 그것은 어떤 느낌을 주는지 경험하는 것이 먼저 이루어져야 합니다. 그것이 바로 감각적이고 경험적인 음악교육입니다.

아이들은 음악 그 자체를 좋아합니다. 아이들이 좋아하는 것은 재고, 따지고, 분석하는 식의 음악학이 아닙니다. 아이들은 기꺼이 노래를 부르며, 노래에 맞춰 춤을 춥니다.

아이들은 자신의 내면에 살아 있는 자유와 기쁨을 주체할 수 없습니다. 모든 감각기관을 사용해 활동하려는 의지가 더 강하다는 것입니다. 그래서 아이들의 반응은 즉각적이며 솔직합니다.

반면에 우리 어른들은 어떤가요? 앞에서도 언급했지만, 어른들의 감각은 날이 갈수록 무뎌지고 있습니다. 현재를 살아가는 우리는 지금 그 문제가 더욱 심각합니다.

문명의 발달은 인간 생활을 편리하게 해주었지만, 동시에 인간이 감각을 사용할 필요가 없게 만들고 있습니다. 무뎌진 감각(마비된 도덕적 감각과 판단 감각)에 대한 부작용은 뉴스를 통해 이루 말할 수 없이 크다는 것을 알 수 있습니다.

상상할 수 없는 각종 범죄들과 권력을 가진 자들의 부도덕한 행위들이 그것을 말해줍니다. 약물중독 의사, 제자 성추행 교수, 학력을 위조하는 예술인 등을 통해 우리는 그들의 감각이 얼마나 마비되어 있는지 분명히 알 수 있습니다. 무섭도록 무뎌진 감각, 그리고 과정을 생략한 채 결과만을 얻으려는 어른들이 많은 세상에서 아이들은 무엇을 보고 들으며 자랄까요?

감각은 사용할수록 더욱 섬세해집니다. 그러한 섬세한 감각은 세상의 어떤 일도 이루어낼 수 있는 재능의 원천이 됩니다. 감각을 사용하여 세상을 배워나가는 예를 들어보겠습니다.

가령, 솜털이 부드럽다는 것을 촉감으로 먼저 경험한 아이와 '솜털은 부드럽다'는 이론을 먼저 배운 아이가 있다고 가정합시다. 전자의 경우는 경험을 통해 솜털을 만져보니 부드럽다는 결과를 얻었습니다. 부드럽다는 개념을 모르더라도 경험을 통해 그 느낌을 알게 됩니다. 그러나 후자에게는 자기의 의지로 경험하는 과정 없이 추상화된 개념인 지식이 주입됩니다. 후자는 영문도 모른 채 결과를 먼저 얻은 것입니다.

후자가 해야 할 일은 정말 솜털이 부드러운지 확인하는 것입니다. 쉽게 말해, 이론을 경험에 적용시키는 행위를 하는 것입니다. 이론을 경험에 적용시키는 것이 습관이 되면, 이는 후에 사고의 경직으로 이어질 수밖에 없습니다.

쇼펜하우어는 직관과 개념에 대해 이야기 하며 다음과 같이 표현했습니다.

"……이 젊은이들은 머릿속에 가득 찬 개념을 적용하기 위해 애쓰지만, 언제나 거의 실패한다. 그것은 개념을 먼저 머리에 쑤셔 넣은 데서 오는 폐단이다. 즉 정신능력의 자연스러운 발달과정을 역행하여, 우선 개념을 머릿속에 넣은 다음 직관을 받아들이기 때문이다… 누구나 반성해 보면, 나이를 먹은 뒤에야 비로소 사물에 대한 정확하고 분명한 이해를 하게 된 경우를 상기할 것이다…… 그것은 최초의 교육이 사물에 대해 잘못된 개념을 갖게 했기 때문이다."

— 쇼펜하우어의 《세상을 보는 지혜》에서 발췌

아이가 어리면 어릴수록, 그리고 처음 시작하는 것일수록 감각을 통해 경험하는 것이 중요합니다. 그것이 자연스러운 교육의 형태라는 것을 강조하고 있습니다. 하지만 많은 유치원과 유아교육 기관에서는 매우 이른 시기에 추상화된 개념을 주입시키기 위해 경쟁하고 있습니다.

초등학교에 입학하기도 전에 많은 개념을 머릿속에 가진 자녀를 자랑스럽게 여기는 부모도 있습니다. 후에 일어날 일에 대해서는 전혀 예상하지 못하기 때문입니다.

요즘 유치원에서는 다음과 같은 광경을 흔히 볼 수 있습니다. 추상화된 개념을 설교하듯 가르치기 좋아하는 한 교사가 있습니다. 5~7세 나이의 아이들은 모두 교사의 말에 주의를 기울입니다. 단 한 명을 빼고 말입니다. 그 아이는 교사의 이야기를 듣지 않고 딴짓을 합니다. 다른 친구를 쳐다보거나 장난감을 가지고 놉니다.

화가 난 교사는 아이의 부모에게 상황을 알립니다. 모두들 수업에 집중하는데 그 아이만 다른 행동을 한다고 말이지요. 그런데 다른 나머지 아이들이 선생님의 말에 집중하는 이유는 따로 있었습니다.

교사는 사탕과 스티커로 아이들이 주의를 집중하도록 유도했습니다. 얌전하게 앉아서 말을 잘 듣는 아이에게 사탕과 스티커를 주는 것입니다. 딴짓을 하는 그 한 명의 아이에게는 사탕과 스티커가 소용이 없습니다.

현대의 어른들은 그 딴짓을 하는 한 명의 아이를 '문제아' 취급합니다. 하지만 이 교실 안에서 건강한 아이는 딱 한 명! 바로 딴짓을 하는 그 아이입니다. 그 아이는 행동으로 이렇게 말하고 있는 것입니다.

'여기 좀 봐 주세요. 선생님, 당신의 교수법은 5~7세 어린이들에게 적합하지 않아요!'

그렇습니다. 어린 아이들을 20분 이상 추상화된 개념에 집중시키려고 해도 집중하지 못합니다. 아이들이 원하는 것은 알 수 없는 '개념'이 아닙니다. 스스로 이해 가능한 직접적인 경험입니다.

아이들은 경험으로 세상을 알아가고 싶어 합니다. 모든 감각기관을 사용해 스스로 경험할 수 있는 기회를 축소시키고, 추상화된 개념에 집중하도록 하는 교육기관들이 많다는 것은 참으로 유감스럽습니다. 이는 음악교육에도 해당되는 이야기입니다. 음악에서는 교육이 더욱 더 감각적·경험적으로 이루어져야 합니다.

책상 앞에 앉아 악보 상의 '도, 레, 미' 위치를 파악한다거나 '도, 레, 미'라는 글자를 익히는 것이 먼저가 아닙니다. 그것이 어떤 소리로 표현

아이들은 직접적인 경험으로 세상을 알아가고 싶어합니다.

되며, 또 그것은 어떤 느낌을 주는지 경험하는 것이 먼저 이루어져야 합니다. 그것이 바로 감각적이고 경험적인 음악교육입니다.

음악의 특별한 점은 음악활동 자체가 우리의 전신에 영향을 미친다는 것입니다. 동시에 전신을 사용하는 행위라는 점입니다. 이것을 글로 설명하는 것이 쉽지는 않지만, 이해를 돕기 위해 감각기관 중의 하나인 청각에 대한 이야기를 해보겠습니다.

음악이 우리 전신에 영향을 미치기 위해 그것은 우선 우리 '귀'에 와 닿아야 합니다. 소리는 일차적으로 듣는 것과 연관이 있습니다. 그래서 슈타이너는 '귀'를 두고 반사기관(의식 작용과는 관계없이 기계적으로 일어나는 반응)이라고 말합니다. 그러한 반사기관을 통해 음악은 우리의 생각을 움직이기도 하고, 마음을 움직이기도 하며, 춤을 추게도 합니다.

청각은 듣는 감각이고 들을 수 있다는 것은 큰 축복입니다. 왜 축복일까요? 듣는다는 것은 2가지로 구분할 수 있습니다. 우선 들려오는 소리만 듣는 것, 그리고 그것에서 확장되어 소리의 의미를 듣는 것이 그것입니다.

예를 들어, 우리는 손에 들고 있던 물건을 실수로 바닥에 떨어뜨렸을 때의 소리를 들을 수 있습니다. 하지만 그 소리에서 어떤 의미를 찾으려고 하지는 않습니다. 그러나 동물의 울음소리(노래하는 소리로 표현되기도 하는 소리)로부터는 이미 어떤 의미가 들리기 시작합니다.

동물의 울음소리는 고등동물의 것일수록 의미를 더욱 내포하고 있습니다. 그것은 바로 '감정'입니다. 인간은 청각을 사용하는 동시에, 다른 감각기관들의 도움을 받아 감정을 교류합니다(청각과 다른 감각기관의 상호작용에 대해서는 앞서 말씀드린 알베르트 수스만의 저서를 참고하시기 바랍니다).

인간관계에 있어 우리는 '이해한다'라는 표현을 사용합니다. 이 말을 좀 더 자세히 살펴보겠습니다. 대화를 할 때 타인을 이해하려면 타인의 말에 '귀 기울일 수 있어야' 합니다. 이렇게 하면 귀 기울이기는 분명 단순한 듣기가 아닙니다.

귀를 기울이려면 들리는 것에 집중해야 합니다. 이것을 음악에 대입시키면 이렇습니다. 음악은 단순히 음가를 구분하거나, 음의 높낮이를 구별하는 능력을 기르는 영역이 아닙니다. 음의 움직임(음의 진행)이 무엇을 표현하려고 하는지 이해하고, 그것을 표현하는 영역입니다. 이것이 바로 '의미를 듣는 것'입니다.

이제 들을 수 있다는 것이 왜 큰 축복인지 아시겠지요? 표면적인 듣기가 아닌, 본질을 들을 수 있다는 것이 큰 축복이라는 말입니다. 이것이 음악교육이 가진 놀라운 힘이며, 이는 바로 사회성으로 이어지게 됩니다. 타인의 소리에 귀 기울이기, 타인을 깊이 이해하기, 이것이 인간과 다른 생물의 차이입니다.

이러한 음악교육을 위해 만 0~9세 아이들과 어떤 활동을 할 수 있을까요?

손유희
또는 스킨십 놀이

　　　　　영아기 때는 꼭 음악이 아니어도 엄마나 양육자의 풍성한 억양, 강약과 템포가 자연스럽게 들어간 말 자체가 좋은 자극입니다.

　왜냐하면, 아기는 아직 엄마가 하는 말의 뜻을 이해할 수 있는 단계에 있지 않기 때문입니다. 그 대신 말의 빠르기, 높낮이, 강세, 쉼표, 셈여림과 같은 음악적 요소들을 우선적으로 받아들입니다. 이로써 음악은 또 하나의 의사소통 수단이라는 사실이 분명해집니다.

　말에 음악적인 요소가 들어가면 손유희나 스킨십이 들어간 놀이로 발전할 수 있습니다. 영유아기 때 할 수 있는 손유희 하나를 예를 들어 보겠습니다.

　　　귀여운 손가락들 모두 함께 춤춰요

　　　이렇게 얌전히 랄라랄랄라

　　　그러다 점점 신나게 춤춰요

　　　랄라랄랄라

　　　랄라랄랄라

　　　랄라랄랄라

　　　그만! 그리고 쉬어요

어른과 아이가 마주보고 앉아서 어른의 왼손바닥 위에 아이의 오른손바닥이 위로 향하도록, 혹은 어른의 오른손바닥 위에 아이의 왼손바닥을 올려놓고 반대쪽 손가락 끝으로 아이의 손가락 끝을 엄지부터 새끼손가락까지 하나씩 왔다갔다 가볍게 터치하는 것입니다. 물론 이때 어른의 손톱이 길다거나 손끝이 거칠다면 아이에게 좋은 촉감을 느끼게 할 수 없습니다.

그리고 "신나게 춤춰요" 다음에 오는 "랄라랄랄라 랄라랄랄라 랄라랄랄라" 부분에서는 손가락 끝을 빠르게 굴려 아이의 손바닥을 간질이는 놀이입니다. 물론 이때 어른은 적절한 억양과 템포, 그리고 쉼표를 가지고 이 텍스트를 이야기 하는 것이 포인트입니다.

귀여운 손가락들 모두 함께 춤춰요
(엄지   검지   중지 약지 새끼손가락)

이   렇   게 얌전 히 랄 라 랄 랄 라
(새끼 약지 중지 검지 엄지 엄지 검지 중지 약지 새끼손가락)

그러다 점　　점 신나게 춤춰요.

(새끼　　약지　중지　검지　엄지손가락)

랄라랄랄라(쉼표)

(손바닥 위에서 손끝으로 간질이기)

랄라랄랄라

(손바닥 위에서 손끝으로 간질이기)

랄라랄랄라

(손바닥 위에서 손끝으로 간질이기)

그만!

(아이 손바닥 위에 어른 손바닥 얹기)

그리고 쉬어요.

(어른 손바닥으로 아이 손바닥을 쓸어내린 후 아이 손 감싸기[주먹 쥐기])

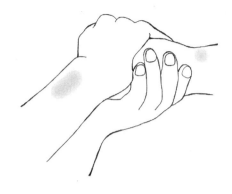

만약 위의 스킨십 놀이에서 '얌전히'와 '신나게'가 '느리게'와 '빠르게'로 되어 있고, 손가락 끝을 건드릴 때마다 구체적인 손가락 이름을 언급한다면(엄지, 검지, 중지 등으로), 이 놀이는 손유희가 아니라 추상화된 개념을 알리는 학습으로 변질됩니다.

아이들에게는 개념보다는 비유적인 표현으로 세상을 접하는 것이 도움이 됩니다. 그것이 세상의 이치를 알아가기 위해 꼭 필요한 '세상에 대한 관심과 호기심'을 자극하기 때문입니다. 이것이 발도르프 교육 또는 자연스러운 교육에서 중요시하는 것 중의 하나입니다.

우리는 '해가 뜬다'라고 말하지만, 아이들은 '해가 일어났다'고 표현합니다. 같은 뜻이지만 표현이 다릅니다. 얼마나 창조적인 표현입니까!

저는 음악치료사로 일하면서 개념적이고 지적인 표현을 사용하는 아이들이 세상에 대한 호기심과 관심을 이른 시기에 접는 것을 많이 봐왔습니다. 그들은 냉소적입니다. 모든 것을 비판하려 하고 모든 것에 무료함을 느낍니다. 감각과 느낌으로 세상을 배운 것이 아니라, 지식으로 세상을 배웠기 때문입니다. 그들은 감각의 발달이 전체적으로 지체되어 웬만한 자극으로는 자극받지 못합니다. 그래서 보다 더 강도 높은 자극을 원하거나 강한 자극에만 반응을 하게 됩니다.

파인애플보다 더 달콤한 바나나를 먼저 먹고 바로 파인애플을 먹었을 때 어떤가요? 파인애플은 시큼하기 때문에 바나나를 먹은 뒤에는 바나나보다 더 단 초콜렛을 먹었을 때 미각이 충족됩니다. 그러한 경우와 같습니다.

자극에 노출된 상태에서는 어느 순간 그 자극에 무뎌집니다. 그래서 그것보다 더 강한 자극이 필요하거나 그 어떤 자극도 자극이 되지 않습니다. 후각도 마찬가지입니다. 백화점의 향수 코너에 가보면 처음에 맡게 되는 향이 강하다고 느낍니다. 하지만 어느 순간 그 향에 후각이 마비되어, 다른 향기를 제대로 맡을 수 없다는 것을 경험으로 알고 있습니다.

우리의 모든 감각기관은 안전과 연결되어 있습니다. 냄새를 맡을 수 없다면 유독가스를 피할 수 없고, 맛을 느낄 수 없다면 상한 음식을 섭취할 수도 있습니다. 또한 촉감을 느낄 수 없다면 거친 사물에 피부가 닿아 상처가 나도 모를 것입니다. 이처럼 자극이 강할수록, 신체적 건강은 물론 정신적 건강에도 해롭다는 것은 우리 모두 잘 아는 상식입니다.

강한 자극과 ADHD

　　　　　강한 자극은 종종 주의력결핍장애의 요인이 됩니다. 시각적으로, 그리고 청각적으로 지나친 자극을 받을 수밖에 없는 현대사회에서 ─ 화려한 도시의 간판들과 한시도 그치지 않는 소음 ─ ADHD 즉, 주의력결핍장애가 후천적으로 빈번하게 발생하고 있습니다.

　화려하고 복잡한 많은 정보들 가운데 어떤 것에 집중해야 할지 몰라 모든 것에 일일이 다 집중하는 것입니다. 즉, 전체를 하나로 보지 못하는 집중력의 분산입니다. ADHD 증세를 가진 어린이나 성인이 부산스러운 것은 그들의 눈과 귀 등 모든 감각기관을 통해 들어오는 수많은 자극에 일일이 반응하기 때문입니다.

　감각의 손상이 불러온 증세입니다. 모든 것에 일일이 반응하려면 그들은 바쁠 수밖에 없습니다. 바쁘기 때문에 화가 날 수밖에 없는 것입니다. 또 원하는 게 바로 바로 이루어지지 않으면 난폭해집니다. 원하는 것을 즉각적으로 얻을 수 있는 '휴대폰 터치' 시대에 난폭한 사람들이(참지 못해 저지르는 우발적 범죄들) 많은 것은 그리 놀랄 일이 아닙니다.

　반면, 앞서 이야기했던 '지식으로 세상을 배우는 아이들'과 달리 창의적인 표현을 하는 아이들은 내면에서 마르지 않는 샘물이 계속 솟아오르는 것처럼 놀라운 창의력을 발휘합니다. 저는 그들이 새로운 것에 대한 관심과 호기심이 남다르다는 것을 늘 보고 있습니다. 기쁨과 즐거움의 원천이 내부(내면)에 있는 것입니다. 그 아이들은 세상으로부터 더 많은 것들을 배울 수 있습니다. 관심과 호기심이라는 것은 '관찰할 수 있는 능력' 나아가 통찰력을 뜻하기 때문입니다.

인간이 관찰력을 갖추는 것은 매우 중요합니다. 쇼펜하우어에 의하면 대부분의 사람들은 타인에게 보여지는 것을 중요하게 여기는 '연기자'로 살아간다고 합니다.

관찰을 하지 못하기 때문에 범하는 오류도 많습니다. 내면에 가진 것이 풍부한 사람은 '연기자'는 물론 '관찰자'(쇼펜하우어는 이를 구경꾼이라고 표현)로도 살아갑니다. 그렇기 때문에 연기자로만 사는 사람이 갖지 않은 '사리 분별'이 가능합니다. 그래서 세상에 대한 관심과 호기심이 있는 관찰자로 사는 것이 중요한 것입니다.

♪ 노래와 동작

어떤 노래와 동작이 유아와 초등학교 저학년 아이들에게 적합할까요?

앞서 아이에게 적절한 동요 가사는 개념을 정리하는 것보다 은유적인 표현이 들어가는 것이 좋다고 말씀드렸습니다. 예를 들어 '지구는 자전하지요'보다는 '해님이 일어나면 달님이 잠들고, 달님이 일어나면 해님이 잠들지요'와 같은 표현을 의미합니다. 이러한 표현이 들어 있는 노래들로는 계절노래, 동물노래, 자장가 등이 있습니다. 계절노래와 동물노래는 아이들의 동작 발달을 함께 이룰 수 있는 좋은 요소입니다. 노래가사에 맞는 동작을 할 수 있기 때문입니다.

예를 들어 '토끼가 깡충깡충 뛰며 춤을 춥니다'라는 노래가 있다면 토끼처럼 쪼그려 앉아 두 손을 머리 위에 올리고, 토끼 귀를 만든 채 그 자세로 깡충깡충 뛰는 것입니다. 또는 '가을 바람이 살랑살랑 불어옵니다'라는 노래가사라면 가을바람에 살랑살랑 흔들리는 나뭇가지처럼, 두 팔을 머리 위로 올리고 살며시 좌우로 흔들 수 있습니다.

매우 간단하지만, 이것은 자연현상의 특징과 동물의 특징(동물의 움직임)을 자연스럽게 표현하고 있는 것입니다. 이 동작이 아이들에게는 의미 있는 동작이 됩니다. 다음에 나오는 노래 '낙엽'은 이런 동작과 함께 할 수 있는 하나의 예입니다.

가사와 전혀 상관 없이 단순한 박자 맞추기 식의 동작은 이 시기의 아이들에게는 의미가 없습니다. 이 시기의 아이들은 세상과 나를 구분해 가는 과정에 있고, 그것은 관찰을 통해 이루어집니다. 예를 들면 아이들은 낙엽이 어떻게 바람을 타고 떨어지는지 호기심 가득한 눈으로 바라봅니다. 그들은 아직 모든 것을 매력적으로 느끼고, 즐겁게 있는 그대로 받아들이는 열린 성향을 가지고 있습니다.

우리 어른들은 그러한 아이들을 위해 일종의 여과기 역할을 해야 합

낙엽

작사 김현경
작곡 김현경

여기에도 저기에도 나뭇잎이 떨어지네

가을바람 휘 휘 노래하네 휘 휘

가을바람 휘 휘 노래하네 휘 휘

팔 랑 팔 랑 내 머리 위 로

니다. 자녀들의 TV 시청 시간과 컴퓨터 게임하는 시간을 제한하는 것이
그런 역할입니다. 그것이 의미 있는 행위라면 우리는 그것을 제한하지 않
을 것입니다. 의미가 덜한 동작들은 어른들이 걸러줘야 할 요소입니다.

유년기는 다시 돌아오지 않습니다. 자연의 현상이나 동물 흉내를 내는 놀이는 그때가 아니면 다시 할 수 없지만, 박자를 맞추는 것은 언제든 할 수 있습니다. 어린 나이에 정형화된 동작이나 박자 같은 틀을 오래 경험한 아이들은 음악교육의 부작용과 같은 결과를 드러냅니다.

그 부작용이란 바로 '창조력의 부재'입니다. 어린이들에게 박자나 틀은 외부에서 정해 놓은 약속입니다. 그들이 주체가 되어 만든 결과물이 아닙니다. 그러므로 그것에 맞춘다는 것 자체가 수동적이 된다는 의미를 내포합니다.

수동적인 경험이 지속되면 외부의 지시 없이 주체적으로 행위하는 것이 어렵습니다. 예를 들어, 연주자로 활동하는 사람이 악보가 없으면 자유로운 즉흥연주가 불가능한 경우입니다. 자신이 주체가 되어 스스로 행위하는 것이 바로 인간이 가진 창조력이며, 이 창조력은 동물과 구분되는 중요한 힘입니다.

깡충 뛰는 토끼, 기어다니는 뱀 등과 같이 동물은 한정된 동작 안에 갇혀 평생을 지냅니다. 하지만 인간은 생존에 필요한 단순한 동작에 머물러 있지 않습니다. 악기 연주, 운동, 혹은 새로운 결심을 하고 그것을 실천하는 행위 등 다양한 장소에서 다양한 활동을 합니다. 새로운 동작들(움직임)을 계속 창조해 나가며 살아갑니다.

늘 자유롭게 자기의 의지로 새로운 동작을 창조하며 살아가는 인간과 달리, 정형화된 몇 가지의 동작 안에 갇혀 사는 동물에게서는 창조력이나 새로운 의지를 볼 수 없습니다.

박,
그리고 리듬

박은 한 치의 오차 없이 똑같은 간격을 두고 움직이는 것입니다. 이는 박자기(메트로놈)를 떠올리면 쉽게 이해할 수 있습니다. 그것은 인간적이기보다는 기계적이라는 표현이 딱 어울립니다. 박은 늘 똑같은 속도의 움직임이며, 박자는 일정한 수의 박들을 모은 단위입니다.

박은 내적인 의지의 움직임이라기보다는 외부의 강압적인 움직임이라는 표현이 더 어울립니다. 그래서일까요? 연주자로 활동하는 사람들 중에도 연주 중에 '박'을 일정하게 지키지 못하는 사람들이 꽤 많습니다. 작곡가가 의도한 부분은 마땅히 그래야 하지만, 작곡가가 의도하지 않은 부분에서도 연주가 빨라지거나 느려진다는 것입니다. 예를 들어 작곡가가 '점점 느리게(ritardando)' 혹은 '점점 빠르게(accelerando)'라는 음악 용어를 표기한 부분 혹은 화성의 변화를 준 부분에서는 마땅히 그 지시에 따라 느리게 또는 빠르게 음악을 표현해야 합니다. 하지만, 그런 변화가 필요한 부분이 아닌데도 연주가 점점 빨라지는 경우가 종종 있다는 것입니다. 이렇듯 기계적인 것은 어른들에게도 쉽지 않습니다. 이런 기계적인 박을 어린이들에게 강요할 수 있을까요?

만약 어린이들에게 박을 강요해 그것을 지키라고 한다면 그것은 즐거운 음악이라기보다 매우 강도 높은 훈련이 됩니다. 이른 시기에 박자대로 하지 않으면 틀린 것이라고, 박자대로 해야 맞는다는 경직된 틀 안에 살게 되는 것입니다.

반면 리듬은 어떤가요? 리듬은 박보다는 유연함을 가지고 있습니다. 만약, 박을 지키지 않으면 안 될 '법'에 비유한다면, 리듬은 사정에 따라 조금 변형할 수 있는 '규칙' 정도라 하겠습니다. 그래서 발도르프 유아교육에서는 아이들과 '박자 생활'이 아닌 '리듬 생활'을 하는 것입니다. 그러나 안타깝게도 현재 국내의 많은 유아교육 기관에서 시간표를 짜놓고, 아이들과 '박자 생활'을 하고 있습니다.

박자 생활의 대표적인 예를 얼마 전 종영한 TV 드라마 〈직장의 신〉에서 볼 수 있습니다. '미스 김'이라는 이름을 가진 한 여성은 칼같이 시간을 정확하게 지키며 움직입니다. 그녀는 일 때문에 대화를 나누는 도중에도 갑자기 시계를 보며 "점심시간입니다만!" 또는 "퇴근 시간입니다만!" 하고 사라집니다. 이것이 박자 생활입니다.

반면 리듬 역시 규칙적으로 반복되기는 하지만 언제든 사정에 따라 그 리듬이 길어질 수도, 또 짧아질 수도 있습니다. 예를 들어, 매일 똑같은 순서로 반복되는 낮과 밤의 리듬을 보면 일출 시간은 늘 같지 않습니다. 계절의 리듬에 따라 일출 시간은 매일 달라집니다. 이렇듯 박보다 리듬이 자연에 더 가깝습니다. 다시 말해 리듬은 자연스럽습니다. 인간 역시도 '박'을 따르는 존재가 아니라 '리듬'을 따르는 존재입니다. 우리의 호흡이 그것을 증명합니다.

우리가 깨어 있는 동안 우리의 호흡이 박처럼 일정한 것이 아니라 다양한 외부의 요인들로 인해 리드미컬한 변화를 갖습니다. 화가 나거나 기쁘거나 혹은 놀라면 호흡이 변화합니다.

발도르프 어린이집의 아이들은 시계를 보며 정확하게 시간을 맞춰 활동하지 않습니다. 늘 같은 순서로 활동을 반복하되, 상황에 따라 그리고 활동에 따라 그 길이가 조금 더 길어지기도, 조금 더 짧아지기도 합니다.

사람마다 자기만의 생활 리듬이 있습니다. 누군가는 아침에 일어나 늘 먼저 신문을 읽는다거나, 아니면 커피를 한 잔 마신 후 가벼운 아침 산책을 하고 출근을 한다고 가정합시다. 늘 이러한 리듬으로 생활하는 사람이 어느 날 늦은 시간까지 굉장히 힘든 일을 했다면, 그 다음날의 기상 시각은 조금 달라질 수도 있습니다. 그리고 아침 산책을 생략하고 출근을 하겠지요. 그리고 그 다음날은 다시 원래의 리듬으로 돌아가겠지요.

리듬 없는 생활을 하는 사람은 건강에 문제가 생길 수도 있습니다. 먹고 싶을 때 먹고, 자고 싶을 때 자는 등 리듬이 없다는 것은 불규칙한 생활을 의미하기 때문입니다. 불규칙한 생활을 하는 사람은 자신의 생체 리듬을 무시하는 것입니다. 그래서 건강에 문제가 생길 수 있다는 것입니다. 리듬 생활은 어른들에게도 매우 중요합니다.

그렇다고 반복되는 생활이 무조건 좋다고 받아들이는 것은 금물입니다. 그 반복이 건강한 방식의 반복일 때만 좋은 것입니다. 쉼과 활동이 교대로 균형 있게 이루어질 때, 건강한 리듬이라고 할 수 있습니다.

예를 들어, 앉아서 하는 활동을 하고 난 뒤 서서 할 수 있는 활동을 한다거나, 몸을 많이 사용한 활동 뒤에는 편안하게 쉴 수 있는 시간을 갖는 것입니다. 만약 이것을 무시하고 반복에만 초점을 두어 매일 똑같이 과도

하게 몸만 사용하는 활동을 한다거나, 이와 반대로 과도하게 두뇌활동만 한다면 이것 또한 건강을 해치는 일입니다.

리듬은 늘 반복되는 것으로 반복은 사람에게 안정감을 가져다줍니다. 특히 영유아기 때 늘 반복되는 건강한 방식의 리듬 생활은 안정적인 정서 발달에 좋습니다. 만일, 어제는 엄마가 자장가를 들려주면서 재워줬는데 오늘은 혼자 누워서 잠을 자게 하고, 내일은 또 다른 방식으로 잠을 자게 하는 등 매일의 불규칙성은 아이들을 혼란스럽게 만드는 원인입니다. 물론 매일 하던 것을 한두 번 상황에 따라 생략할 수는 있습니다. 하지만 뒤에 일어날 일을 예측할 수 없는 이러한 불규칙성은 정서발달에 부정적인 영향을 미칩니다. 예측이 불가능하니 늘 불안할 수밖에 없습니다.

이렇게 반복이 가진 힘, 즉 안정감을 준다는 것은 동요에도 그대로 적용됩니다. 동요에 등장하는 동일한 리듬과 멜로디의 반복적 등장이 그것입니다. 이렇게 반복적 요소가 들어 있는 동요는 그 자체로 어린 아이들에게 안정감을 가져다줍니다.

♪ 악기교육

악기를 다룰 수 있다는 것은 굉장히 멋진 일입니다. 노래가 나를 직접 전달하는 활동이라면, 내가 아닌 다른 사물을 통해 나를 전달하는 행위가 바로 악기 연주입니다.

루돌프 슈타이너는 아이들이 가능한 한 일찍 악기를 접해야 한다고 했습니다.

> "'나'라는 주관적 대상이 다른 객관적 대상을 통해 외부로 나가는 경험을 하는 것이 굉장히 중요하다."
> —Beilharz & Kumpf, 2005: 44 재인용

하지만 이 말의 본질을 잘 살펴보아야 합니다. 슈타이너의 이 말은 가능한 한 빨리 악기를 배우라는 뜻이 아니라 경험하라는 뜻입니다. 우리들에게 배움은 성과와 연결됩니다. 하지만 슈타이너는 성과가 아닌 '효과'를 두고 이 말을 했다고 볼 수 있습니다. 악기 연주가 아이들에게 미치는 효과입니다.

슈타이너가 말하는 이 효과를 보기 위해서는 악기를 처음 접하는 방식부터 달라야 합니다. 어떻게 달라야 할까요? 이는 매우 어려운 것이면서도 한편으로는 매우 쉬운 것입니다.

예를 들어, 철수와 영희라는 두 아이가 있습니다. 철수가 트라이앵글을 처음 접할 때 교사는 아이에게 이렇게 가르칩니다. "그건 이 작은 채로 쳐서 소리를 내는 거야" 하며 시범을 보입니다. 아이는 그것을 따라 해봅니다.

반면 영희가 처음 트라이앵글을 보게 되었을 때, 교사가 아이에게 어떤 지시 없이 트라이앵글을 충분히 만져볼 시간을 줍니다. 교사는 충분히

기다려줍니다. 새로운 사물에 대한 아이들의 내적인 호기심과 기쁨을 존중하는 것입니다.

만일 처음부터 방향 제시가 필요한 아이들에게는 교사가 본보기로서 바로 행동으로 보여줍니다. 행동하기 위해 필요한 시간은 아이들마다 다릅니다. 어떤 아이는 새로운 것을 접했을 때 그것을 서슴없이 시도하는가 하면, 어떤 아이는 새로운 것을 시도하기 위해 그것에 적응할 시간이 필요합니다.

여기서 영희는 트라이앵글에 대한 호기심이 가득하여 그것을 보자마자 마음껏 만져본 아이라고 가정합시다. 영희가 충분히 혼자서 트라이앵글을 경험한 후 교사는 이렇게 말하며 연주합니다. "밤하늘에서 별이 쏟아지고 있어" 혹은 "별이 빛나고 있어"라고 말입니다. 영희는 밤하늘의 별을 머리로 상상하게 됩니다.

이 두 아이의 예에서 어떤 방법이 아이의 상상력을 자극할까요? 어떤 것이 소리의 본질을 발견하도록 도울까요? 여러분들도 잘 아실 것입니다.

지금 우리가 사는 이 시대의 수많은 악기 교습소에서 얼마나 잘못된 교수법이 이루어지고 있는지에 대해 걱정해야 합니다. 특히 이 책에서 다루는 만 9세 이하의 아이들에게 있어서 말입니다.

많은 교사들이 아이들에게 악기를 관찰할 시간을 조금도 주지 않습니다. 악기를 접하는 순간에 바로 올바른 연주 자세의 틀 속으로 아이를 밀어 넣습니다. 그리고 아이들이 박자를 지키고, 악보에서 제시하는 맞는 음만 연주하도록 가르칩니다. 스스로 상상할 수 있는 동기부여를 주는 일은 드뭅니다.

이렇게 소리에 대한 신비로운 발견이 배제된 채 악기를 배울 경우 문제가 됩니다. 이른 시기에 박자대로 하지 않으면 틀린 것이고 악보대로 연주해야 옳은 것이라 경험하는 아이들은 성장과정에서 자존감에 문제가 생기기도 합니다. 다양성을 경험해보기도 전에 옳고 그름을 먼저 접하면서 열등감을 갖게 될 확률이 높은 것입니다.

실제로 스위스에서 이루어진 음악가들의 무대공포증에 대한 연구 자료를 보면, 조기에 이런 식으로 틀 안에 고정된 음악교육을 받은 것이 낮은 자존감과 열등감의 원인 중 하나라는 결과가 있습니다(참고: 《Bühnenangst bei Musikern(음악가의 무대공포증)》, Irmtraud Tarr).

이것이 음악교육의 첫 번째 부작용입니다. 두 번째 부작용은 창의력을 발휘하는 예술 분야인 음악이 정작 아이들에게 창의력을 키워주지 못하는 것입니다. 박자와 악보라는 틀 안에서 지시하는 대로 수동적(주입식)으로 행위함으로써 생기는 부작용입니다.

이러한 방식으로 음악을 접했거나 음악을 전공한 사람들 대다수가 창의력이 부족합니다. 배운 것만 사용할 수 있고, 재창조가 아닌 모방만 가능한 상황이 되어버립니다. 그리고는 자신은 결코 생각해내지 못하는 타인의 아이디어에 감탄만 합니다.

음악가의 창의력 혹은 예술가의 창의력은 음악에만 사용되는 것이 아닙니다. 예술가의 창의력은 생활 전반에 발휘되어야 할 능력입니다. 창의력은 능동성과 긴밀한 관계를 갖습니다. 꼭 예술행위를 하는 사람만이 예술가가 아닙니다. 자신의 삶을 능동적으로 꾸려나가는 사람들은 모두 예술가입니다.

앞서 트라이앵글을 가르치는 방법만 보더라도 교사 자체의 중요성을 다시 한 번 깨달을 수 있습니다. 추상화된 개념을 전달하는 소위 말하는 똑똑한 교사가 아니라, 인간에 대한 깊은 이해를 지닌 교사가 필요합니다. 즉, 인간의 호기심과 상상력을 건강한 방식으로 자극할 수 있는 지혜로운 교사가 필요합니다.

악기교육으로 인해 아이들이 음악을 영원히 싫어하고 두려워할 수 있습니다. 그 반대로 영원히 사랑할 수도 있습니다. 그렇기 때문에 더 신중하게 생각해야 할 것입니다. 너무 일찍 시작한 기능훈련식의 악기교육 속에는 아이들이 음악을 증오하게 할 그림자가 숨어 있다는 것을 인식해야 합니다.

10살에 처음 악기를 배우기 시작한 아이는 성장해서 음악가가 될 수도 있습니다. 하지만, 기능을 훈련하는 식으로 5살에 악기를 배우기 시작한 아이는 15살에 악보를 겨우 볼 줄 알고, 25살이 되어서는 기본적인 악보도 읽지 못할 정도로 음악에 무관심한 경우가 흔합니다. 그 이유는 악기교육이 단순히 '재능'으로만 가능한 것이 아니기 때문입니다.

음악은 현대인들이 좋아하는 '단기 속성'과는 전혀 반대되는 성격을 가집니다. 각종 자격증을 6주 만에 취득할 수 있는, 순식간에 결과물을 얻는 시스템이 음악에서는 불가능합니다. 꾸준한 노력이 있어야 결과물을 얻을 수 있기 때문에, 단순히 음악성이 있다는 것만으로 음악을 할 수 있는 것은 아닙니다.

　음악에서의 재능은 음악성보다 한 가지에 꾸준히 집중할 수 있는 '끈기'와 '절실함'을 의미합니다. 이것은 어쩌면 음악에만 해당하는 이야기는 아닐 것입니다. 결국 악기는 물론 무언가를 배우기 위해서는 한 가지에 자발적으로 집중할 수 있는 끈기가 먼저 길러져야 한다는 결론에 도달하게 됩니다.

자발적 집중과 끈기로부터 창조력 키우기 : 놀이

　　　　창조력과 재능의 원천인 자발적인 집중과 끈기는 어떻게 키울 수 있을까요? 자발성이란 내적인 동기에 의해 스스로 움직이는 힘입니다. 그리고 그것이 재능의 원천입니다. 자발성과 관련해 놀이에 대한 이야기를 해보겠습니다.

　세상에는 수많은 종류의 장난감들이 있습니다. 그런데 그 많은 장난감들을 잘 살펴보면 아이들이 그것을 '마음껏' 가지고 놀 수 없게 만들었습니다. 이것이 무슨 뜻일까요?

　'마음껏' 가지고 놀 수 없다는 것은 '자유롭게' 가지고 놀 수 없다는 이야기입니다. 장난감을 가지고 무언가를 창조하며 놀 수 없게끔 되어 있습니다. 즉, 장난감에 놀이의 결과가 이미 정해져 있다는 뜻입니다. 대표적인 예가, 동그란 구멍에 동그란 블록을 끼우고 네모난 구멍에 네모난 블록을 끼우는 식의 장난감입니다. 이것은 놀이의 주체인 아이가 진정한 주체가 되는 것을 방해합니다.

놀이의 방식과 놀이의 결과를 아이가 정하는 것이 아니기 때문입니다. 예를 들어, 단순한 나무토막을 가지고 노는 아이는 상상력을 발휘해 그것을 자동차 혹은 기차 등으로 자기가 정한 결과물로 사용할 수 있어야 합니다. 그런데 앞서 예로 든 블록과 같은 장난감은 외부에서 이미 결과물을 결정해 놓은 것입니다. 말하자면, '놀이의 목표가 외부에서 주어지는 것'입니다. 이러한 놀이는 아이를 수동적으로 만듭니다. 외부 지시에 따라 움직이게 하는 달리 말하면, 외부의 요구에 응하는 놀이입니다.

블록 외에도 결과물이 정해져 있는 장난감 종류는 무수히 많습니다. 이것은 진정한 놀이라 할 수 없습니다. 진정한 놀이란 놀이의 주체가 스스로 결과물을 만들어내는 것입니다. 아이가 탬버린을 가지고 노는 것을 관찰해보면 알 수 있습니다. 아이는 탬버린을 악기로만 사용하는 것이 아닙니다. 그것을 가지고 자기가 원하는 대로 상상력을 발휘해 소꿉놀이를 할 수도 있습니다.

나무토막만 가지고서도 기차 놀이를 할 수도 있습니다. 나무토막이 오늘은 기차, 내일은 배가 되는 식으로 늘 새롭게 놀이의 결과물을 창조해내는 활동이 진정한 의미의 자유로운 놀이입니다. 늘 같은 구멍에 같은 모양의 블록을 끼우는 똑같은 행위가 아니라, 완성된 형태가 없는 것으로부터 상상하여 언제나 새롭게 창조되는 놀이가 내적 동기를 불러일으키는 능동적인 놀이입니다.

내가 원하는 대로 '마음껏' 놀 수 있도록 긍정적인 의미의 자극을 주는 놀이가 바로 이런 것입니다. 결과물을 내가 스스로 결정하는 것! 이것이 바로 감각의 발달을 장려하는 놀이입니다. 이런 놀이를 하며 성장한 아이는 성인이 되어서도 외부의 지시 없이 스스로 결정하고 행위하는 것이 자연스럽습니다.

하지만 늘 외부에서 요구하는 결과물에 응하는 방식으로 놀이를 한 아이는, 성인이 되어서도 어떤 일을 스스로 결정하기 어려워합니다. 외부의 지시가 없으면 움직이기도 쉽지 않습니다. 즉, 주어진 것에만 응하는 수동적인 사람이 되는 것입니다.

수동적인 사람은 자유시간이 주어져도 진정한 자유를 누리지 못합니다. 그래서 많은 성인들은 업무 스트레스에서 잠시 쉴 시간이 생겨도 그 시간에 수동적으로 TV 시청을 합니다. 또는 자신의 감각기관이 일방적으로 자극받는 것들을 즐깁니다. 불건전한 놀이, 즉 의도적으로 마취주사를 맞는다거나 도박, 술 등을 즐기는 것입니다.

진정한 자유란 내가 주체가 되어 누릴 수 있는 것을 의미합니다. 진정한 놀이를 경험한 사람만이 능동적으로 창조력을 발휘할 수 있습니다. 그리고 이렇게 능동적으로 창조력을 발휘하는 것이 바로 재능입니다.

강조하지만, 재능은 어떤 한 가지를 잘하는 능력을 뜻하지 않습니다. 자발적인 내적 동기에 의해 무언가에 집중하면서 창조력을 발휘하는 것이 재능입니다. 능동적으로 활동하며 자유롭게 노는 경험을 통해 아이는 자연스럽게 창조력이 넘치는 재능을 키울 수 있습니다.

모든 인간은 자기만의 속도를 가지고 있다

모든 인간은 저마다 '나만의 속도'를 가지고 살아갑니다. 여기서 이야기 하는 나만의 속도는 발달의 속도를 의미할 수도 있고, 새로운 것을 접했을 때 그것에 반응하는 속도를 의미하기도 합니다. 이것은 아이들은 물론 어른들에게도 해당됩니다.

어떤 아이는 새로운 것을 접했을 때 서슴없이 용기 있게 행위합니다. 이때 어른들은 '겁도 없이'라고 표현하곤 합니다. 생전 처음 듣는 노래를 마치 이미 알고 있는 노래처럼 바로 따라 부르거나, 새로운 사물을 발견하면 즉시 만져보는 등 참으로 용기 있는 모습을 보여주는 아이들이 있습니다.

그런가 하면 어떤 아이들은 새로운 노래를 따라 부르기까지 2주 혹은 3개월이 걸리는 아이들도 있습니다. 안타깝게도 어른들은 이러한 아이들을 '느린 아이'라고 표현합니다. 하지만 이것은 느린 것이 아닌, 그저 그 아이의 속도일 뿐입니다.

자기만의 적응 시간이 필요한 아이들은 새로운 노래를 듣게 되면 내적으로 많은 반복을 합니다. 즉, 속으로 노래합니다. 그것은 어느 날 그 아이들의 입 밖으로 그 노래가 흘러나오는 것을 통해 증명됩니다.

아이들은 '내가 할 수 있을 때' 합니다. 그렇기 때문에 노래를 따라하지 않는 아이에게 노래를 따라 부를 것을 강요하는 교사는 현명하지 못한 교사입니다.

아이에게 필요한 만큼의 시간을 주고 기다리는 교사의 자세는 악기 지도에서도 필요합니다. 그러나 노래를 따라 부를 때와는 조금 다릅니다. 왜냐하면 노래를 따라 부르는 것은 모방 행위로 이미 교사가 '방향 제시'를 한 상황입니다. 하지만 처음 접하는 악기를 '마음껏' 만져볼 수 있는 시간을 주는 경우에 있어(자유를 주는), 이때의 아이들은 모방할 대상이 없어 어려워합니다.

어떤 아이는 처음 보는 사물을 자연스럽게 마음껏 만져보는데, 어떤 아이는 방향 제시가 없어(모방할 대상이 없어) 마음껏 만져보지 못하고 힘들어 합니다. 왜 그럴까요? 왜 그 아이들은 자유를 누리지 못하고 힘들어 할까요? 여기에는 여러 가지 원인이 있을 수 있으나, 저는 교육적인 측면에서 두 가지 이유를 말씀드리고자 합니다.

첫 번째는 아이가 성장하는 과정에서 어른(양육자나 부모)으로부터 너무나 많은 통제를 당한 경우입니다. 일상생활이 "그건 만지면 안 돼", "그렇게 하면 안 돼", "하지 마"로 이루어진 경우입니다. 두 번째는 첫 번째 이유와 정반대입니다. 성장과정에서 어른으로부터 완전히 방치된 경우입니다.

이 두 가지 경우를 겪은 아이들은 진정한 자유를 누리지 못합니다. 오히려 자유로운 상황이 되면 힘들어 합니다. 이들에게는 방향제시가 가능한 훌륭한 본보기가 될 만한 어른(교사)이 필요합니다. 그리고 훌륭한 본보기가 되는 교사와의 꾸준한 경험을 통해 서서히 자유를 만끽할 수 있게 됩니다. 이때 아이의 속도를 고려하여 아이에게 '시간'을 주는 자세가 필요합니다. 다음은 생텍쥐페리의 《어린왕자》에서 발췌한 것입니다.

> "네 장미꽃을 그렇게 소중하게 만든 것은, **그 꽃을 위해 네가 소비한 시간이란다.**"
> "내가 나의 장미꽃을 위해 소비한 시간이라…"
> 잘 기억하기 위해 어린 왕자가 말했다.
>
> "나는 해지는 풍경이 좋아. 우리 해지는 구경하러 가…"
> "그렇지만 기다려야 해."
> "뭘 기다려?"
> **"해가 지길 기다려야 한단 말이야."**

아이들의 속도를 파악하고 그것을 이해해주는 것은 교육에 있어서 매우 중요합니다. 이 세상에 '느린 아이'나 '빠른 아이'는 없습니다.

♪ 악보에 대하여

악보는 음의 길이와 높낮이 등 음의 움직임을 기록한 것입니다. 기록이라는 의미에서 이것은 '글'에 비유할 수 있습니다. ㄱ을 기역이라고 읽는 것이 우리 모두의 약속인 것처럼, ♩를 4분 음표, ♪를 8분 음표라고 보는 것 또한 약속입니다. 이렇게 보면 음악도 일종의 언어라는 사실을 실감할 수 있습니다.

드뷔시는 "음악은 언어로 표현할 수 없는 것을 표현 가능하게 한다"고 말했습니다. 그의 말처럼 언어 이상의 기능을 가지고 있는 것이 음악입니다.

아이가 처음 한글을 배울 때를 떠올려보세요. 글을 읽고 쓰기 전에 말하기부터 시작합니다. 바로 발도르프 교육에서 중요하게 여기는 '모방'을 통해서입니다. 모방은 어떤 대상의 움직임이나 소리 등을 그대로 따라하는 것입니다. 아이들에게는 성장 환경부터 양육자를 비롯한 주변 사람까지 포함하여 이 세상 전체가 모방의 대상이 됩니다.

모방은 머리로 계산하면서 이론적으로 이루어지는 것이 아닙니다. 모방은 어떤 대상을 보거나 듣자마자 그대로 따라서 행위하는 것입니다. 시키지 않아도 따라하는 것은 이미 유아기의 아동들에게서 볼 수 있습니다.

6살짜리 오빠가 서서 소변을 보는 모습을 보고 자기도 서서 해보겠다며 변기 앞에 서는 3살짜리 여동생, 엄마가 식사준비 하는 모습을 소꿉놀이에서 그대로 재현해내는 여자 아이, 의자에 앉을 때 다리를 꼬고 앉는 어른을 그대로 흉내 내는 아이, 동물의 울음소리나 하늘의 비행기를 그대로 흉내 내는 아이 등 이 세상의 모든 것이 모방의 대상입니다.

이렇게 바로 모방을 하는 아이들은 그것(사물이나 행위)을 재빠르게 배웁니다. 즉시 행위하는 것이 빠른 학습효과를 드러내는 것입니다. 요리를 책으로 배운 사람보다, 직접 이것저것 만들어 본 사람이 더 맛있는 음식을 해내는 것과 같은 이치입니다.

우리는 농담으로 '연애를 책으로 배웠다'는 말을 합니다. 이것은 연애를 못한다는 뜻을 풍자적으로 표현한 것입니다. 모방이란 이론이 아닌, 실제를 통해 세상을 배워나가는 방식입니다. 그래서 '모방'은 자기의 감각을 능동적으로 사용하는 방식 중의 하나입니다.

아이들이 모국어를 배울 때 부모나 양육자는 그 '본보기'가 됩니다. 아이들이 그들의 말을 따라하기 때문입니다. 한자리에 앉아 무언가에 집중할 수 있는 뇌의 발달이 이루어지는 시기가 되면, 그때 글쓰기와 읽기를 배울 수 있습니다. 그때서야 공부라는 것을 할 수 있다는 이야기입니다. 이것은 전 세계적으로 만 3~5세가 아닌 만 7세에 초등학교 1학년이 시작되는 이유와도 연결됩니다. 그리고 쉬는 시간을 포함해 약 90분 가량의 공연을 하는 각종 공연장에 8세부터 입장이 가능한 이유이기도 합니다.

글쓰기와 읽기를 먼저 배운 뒤에 말하기를 배우는 아이는 없습니다. 앞에서 이미 말씀드린 바 있는 움직임으로 이루어진 발달과정과 관련하여 말하기를 나중에 배우는 것은 불가능합니다. 인간의 발달은 팔다리의 움직임으로부터 머리로(아래로부터 위로) 이어지는 과정입니다. 악보에 대해 이야기 하면서, 모국어를 배우는 과정을 말씀드리는 이유를 짐작하셨을 것입니다.

음악 역시 일종의 언어입니다. 그래서 듣고 따라서 소리 내는 것이 먼저 이뤄져야 합니다. 약속된 기호들은 그 후에 배우는 것입니다. 많은 사람들이 초등학교 시절 음악수업을 경험했습니다. 그러나 악보를 보고도 더듬더듬 보거나 아예 볼 줄을 모릅니다. 그 이유는 학교에서는 물론, 음악을 가르치는 학원 등에서 소리내기에 앞서 악보 읽기를 먼저 배웠기 때문입니다. 즉, 경험에 앞서 개념을 먼저 배웠기 때문입니다.

외국어 교육도 마찬가지입니다. 저를 비롯한 많은 사람들은 직접 말하기보다는 A, B, C를 쓰고 외우는 것부터 시작합니다. 그래서 초등학생 때부터 12년이나 영어를 배웠지만, 할 수 있는 말은 한정되어 있거나 거의 없습니다.

제가 독일에서 유학하던 시절에도 열심히 문법을 공부하고 단어를 외워도, 독일어로 말하지 않는 사람은 결코 독일어가 늘지 않는 경우를 많이 봤습니다. 이것은 많은 단어와 문법을 알고 있어도 들려오는 말의 의미를 파악하지 못해 대화가 불가능한 것입니다.

외국어를 배울 때, 들려오는 말에서 단어의 뜻을 일일이 정확하게 몰라도 문맥상 흐름을 파악해 그 의미를 느낌으로 아는 것이 가능합니다. 저는 초등학교 저학년생들이 이론이 아닌 영어 노래를 부름으로써, 영어를 빠르게 학습해 나가는 것을 경험으로 알고 있습니다.

사고

감정

의지

사고는 멜로디, 감정은 화음, 의지는 리듬에 해당합니다.

구체적인 단어의 뜻을 미리 학습시키지 않고, 아이들에게 노래의 전체 줄거리만 짧게 한 번 들려준 뒤 저의 노래와 동작을 바로 따라하게 했습니다. 그러자 아이들은 망설임 없이 바로 동작과 함께 저의 노래를 따라 불렀습니다(모방). 그리고 구체적인 의미도 느낌(감각)으로 자연스럽게 파악해내기 시작했습니다. 그러면서 노래가사에 들어간 단어들에 관심을 갖기 시작하여 그것을 익혀나갔습니다. 아이들은 이렇게 익힌 단어는 절대로 잊는 법이 없었습니다. 단어만 써가며 암기하는 것이 아닌 바로 '저절로 자연스럽게' 배우는 것입니다.

음악도 마찬가지입니다. 들어보고 소리도 내본 후에, 그것을 쓰고 읽는 방식으로 교육이 이루어져야 합니다. 그래야 악보도 볼 줄 알게 되며 그것을 활용할 수도 있습니다. 음악이 다른 분야와 다른 특별한 점은 바로 귀를 사용한다는 것입니다. 이렇게 듣고 따라하기로 시작되는 음악교육을 통해 아이들은 자연스럽게 집중하는 방법을 연습하게 됩니다.

듣는 행위는 주의집중능력과 밀접한 연관성을 가집니다. 듣기 위해서는 고요하게 멈추는 행위가 먼저 이루어져야 합니다. 이를 실감나게 이해할 수 있는 예가 바로 '듣기평가 시험시간'입니다.

고요하게 멈춰 있을 수 없으면 들을 수도 없습니다. 그래서 주의력결핍장애를 가진 아동들은 잘 듣지 못합니다. 귀를 기울이는 것이 불가능합니다. 이것을 반대로 살펴보면, 청각이 소화해낼 수 없는 극심한 자극에 장기간 노출된 경우, 주의력결핍장애가 발생할 수도 있다는 것도 알 수 있습니다.

주의력은 충분한 신체적 활동과 더불어 음악을 통해 듣는 연습을 함으로써 향상시킬 수 있습니다. 이렇게 듣고 따라하는 음악적 활동에 도움이 되는 것 중의 하나가 교사의 노래를 아이들이 따라 부르는 것입니다. 그리고 리코더 수업이 있습니다.

♪ 제창과 돌림노래, 그리고 필수가 아닌 악기반주

만 9세 이하의 아이들과 함께 할 수 있는 노래 형태는 제창(unison)입니다. 제창이란 하나의 똑같은 선율을 모두 함께 부르는 것입니다. 왜 화음이 들어간 합창이 아닌 제창일까요?

이는 발도르프 교육뿐만 아니라 한국의 공교육에서 사용하는 음악교과서를 보더라도 동일합니다. 즉, 자연스러운 교육에서는 가창수업을 할 때 제창으로 시작합니다. 이를 설명하기에 앞서 우선 화음에 대해 살펴보겠습니다.

화음은 멜로디, 리듬과 함께 음악의 중요한 세 요소 중의 하나입니다. 화음은 두 개 이상의 음이 동시에 울리거나 순차적으로 울릴 때 생기는 것입니다. 그것은 슈타이너가 의미하는 인간의 세 가지 구성체 즉, 사고에 해당하는 머리, 감정에 해당하는 가슴, 의지에 해당하는 팔다리 중 인간의 감정(느낌)에 영향을 미치는 요소입니다.

예를 들자면, 장3화음인 도, 미, 솔음이 동시에 울릴 때와 단3화음인 도, 미♭, 솔음이 동시에 울릴 때를 떠올려 보거나 직접 연주해 본다면 그 둘 사이의 느낌의 차이를 알 수 있습니다.

그 느낌을 꼭 언어로 표현할 수 없더라도 확실히 차이가 있다는 것은 알 수 있습니다. 느낌에는 정답이 없지만 장3화음이 외향적인 성격을 가지고 있는 반면, 단3화음은 내향적인 성격을 가지고 있습니다. 예를 들자면 기쁜 감정과 슬픈 감정으로 대조적입니다. 이 느낌이 정답이 아님에도 불구하고, 안타깝게도 많은 교사들이 아이들에게 장조는 기쁘고 단조는 슬프다는 식으로 그 느낌을 주입시키는 경우가 많습니다.

어떤 화음은 들었을 때 불쾌하기도 하며, 또 어떤 화음은 편안하기도 합니다. 이렇게 화음은 곡의 분위기를 조성하는데 결정적인 역할을 하며, 다양한 감정을 불러일으킵니다.

공교육에서 사용하는 음악교과서를 살펴보면 3학년(대략 2학기쯤)이 되어서야 처음으로 '돌림노래'가 등장합니다. 돌림노래는 똑같은 선율이지만 그 선율을 2~3개의 그룹이 시간차를 두고 부름으로써 자연스럽게 화음이 생기도록 하는 형태입니다. 말하자면, 돌림노래는 본격적으로 화음이 들어간 합창을 하기 전의 연습단계에서 하는 것입니다. 돌림노래의 예('거미와 파리')를 하나 들어보겠습니다.

거미와 파리

외국 곡, 작사 미상, 번역: 김현경

커 다 란 거 미 가 파 리 에 게 애 기 를 하 네 이 세

상 에 서 가 장 멋 진 우 리 집 에 들 어 와 보 렴 싫—

어 요 거 미 아 저 씨 난 할 일 이 많 다 구 요

안녕 (이 노래 자체도 돌림노래)

우 리 서 로 학 교 길 에 만 나 면   만 나 면

웃 는 얼 굴 하 고 인 사 나 눕 시 다 애 들 아 안 — 녕

'리'자로 끝나는 말은

리 리 릿 자 로 끝 나 는 말 은 —

괴 나 리 보 따 리 댑 사 리 소 쿠 리 유 리 항 아 리 —

꼭 돌림노래가 아니어도, 왼쪽에 보이는 화음의 진행이 똑같은 두 개의 서로 다른 노래를 두 개의 그룹이 동시에 불러 자연스럽게 화음을 듣도록 하는 방법도 있습니다.

이 시기에 화음을 접하는 이유는 그 이전에는 아이들이 화음을 이해할 수 없기 때문입니다. 초등학교 1~2학년 아이들과 돌림노래를 하는 것이 가능한지 직접 시도해보면 더욱 분명해집니다. 물론 혼합 연령으로 고학년들이 함께 한다면 그들의 도움을 받아 돌림노래가 가능하기도 합니다.

초등 저학년 아이들에게 어떤 노래를 부르게 하고 교사가 그 노래에 화음을 넣어 다른 음으로 노래를 함께 부르면, 아이들은 자신이 불러야 할 멜로디를 잊어버린 채 교사가 소리내는 음을 따라 부르게 됩니다.

노래 도중에 아무리 다른 화음이 들려도 자기가 불러야 할 원래의 멜로디를 부르려면, 내가 부르는 멜로디와 다른 화음을 구분하면서 동시에 들을 수 있어야 합니다. 이것이 만 9세 이하의 어린이들에게는 불가능합니다. 두 음을 동시에 듣는다는 것이 그 시기에는 어렵기 때문입니다.

이것은 너무나도 자연스러운 현상입니다. 인류의 역사를 돌아보면 음악에서는 단선율(반주가 덧붙지 않고, 하나의 성부가 하나의 가락으로 구성하는 음의 흐름)만, 미술에서는 평면적 그림만 존재했던 시기가 있습니다. 그러다 인간이 공간을 지각하기 시작하면서부터 음악에서는 화음, 미술에서는 원근법 등이 값진 보물처럼 발견되었습니다. 인류의 역사가 인간의 발달과정과 유사하다는 것은 참으로 신기하고 놀라운 일입니다.

처음에는 단선율만, 그리고 어느 순간부터 화음을 인지할 수 있으며, 더 성장해서는 리듬과 박까지도 자유롭게 다룰 수 있는 것! 물론 타고난 음악가라면 얘기는 달라질 수 있겠지만 대부분의 아이들은 위와 과정을 겪습니다.

♪ 합창

화음을 넣어 노래를 부.르기 위해서는 나 외에 다른 사람이 한 명 이상 필요합니다. 화음은 두 개 이상의 음이 동시에 울리는 것입니다. 그렇기 때문에 혼자서는 결코 화음을 낼 수 없습니다.

타인과 함께 해야 화음을 낼 수 있는데, 그러려면 화음을 내는 사람들이 서로를 인지할 수 있어야 합니다. 서로 각기 다른 성부를 들을 수 있어야 합니다. 그렇게 인지하며 자신의 소리를 조절할 수 있어야 합니다. 즉, 타인을 인지할 수 있어야 한다는 뜻인데, 인간이 타인을 인지하는 과정은 우선 자기 자신을 인지하는 것에서부터 시작됩니다. 자기 자신에 대해 잘 모르는 사람은 결코 타인을 인지할 수 없습니다.

자신을 잘 인지하지 못하는 사람들을 보면, 어른이나 어린이 모두 자신의 행동이나 태도가 타인에게 피해를 주거나 불쾌하게 한다는 사실을 전혀 모릅니다. 그 이유는 바로 감각이 발달하지 못했거나, 감각이 손상되었기 때문입니다.

가령, 목소리가 굉장히 큰 사람이 있다고 합시다. 그런데 그는 자신의 목소리가 크다는 것을 인지하지 못하는 사람입니다. 도서관처럼 조용해야 할 장소에서도 아무 거리낌 없이 큰 소리로 이야기한다면 어떨까요? 주변 사람들이 그를 쳐다보며 눈살을 찌푸립니다. 하지만 그는 왜 그런 반응을 보이는지 전혀 알 수 없습니다. 아예 그러한 반응조차 인지하지 못합니다. 쉽게 말해, 자신을 인지하지 못하는 사람은 사회성이 부족한 사람입니다. 이러한 인지 장애의 한 형태가 바로 자폐증입니다.

만일 그가 자신의 목소리가 지나치게 크다는 것을 인지한다면, 상황에 따라 목소리의 크기를 조절하려고 할 것입니다. 사회성은 나를 먼저 알고, 타인을 알아가며 함께 맞추는 과정에서 이루어집니다. 인간은 늘 '사회' 속에서 살아갑니다.

어린이들이 노래를 배우는 과정은 바로 이 사회성을 자연스럽게 기르는 과정입니다. 그래서 음악에서도 먼저 단선율로 된 노래부터 시작합니다. 모두가 동일한 선율로 노래를 부를 때, 나는 온전히 나에게만 집중합니다. 혹은 하나의 기준이 되는 선율에만(교사의 선창) 집중해 그것을 따라 부릅니다. 그러한 경험을 충분히 하며 나는 온전하게 노래하는 '나', 그리고 똑같은 '우리'만 느끼게 됩니다.

이러한 경험이 있은 후에 서서히 돌림노래를 통해 타인을 인지할 준비를 합니다. 내가 속한 그룹의 선율을 노래하면서 동시에 다른 그룹의 선율을 들으며 타인을 인지합니다. 그리고 마침내 완전히 다른 두 개 이상의 선율로 된 합창을 하게 되는 것입니다.

인간은 모두 독특한 개별성을 지닌 존재입니다. 그렇게 완전히 서로 다른 너와 내가 서로의 소리에 귀를 기울이며 어우러지는 경험을 하는 것이 합창입니다. 합창을 통해 아이들은 물론 어른들도 자신을 인식하고, 더 나아가 타인까지 인식하게 됩니다.

만 9세 이하의 아이들이 합창을 하지 않고 단선율의 노래를 제창의 형태로 부르는 이유를 정리하면 다음과 같습니다. 첫째, 화음을 넣어 노래할 수 없기 때문입니다. 둘째, 서로 다른 너와 내가 어우러지는 합창을 경험하기 전에 탄탄한 기초 작업을 하기 위함입니다. 이러한 조화로운 어우러짐은 고차원적인 의미에서 보면 균형감각을 발달시킬 수 있는 것이기도 합니다.

균형감각이란 단순히 평균대 위에서 떨어지지 않기 위해 균형을 유지하는 것만 의미하지 않습니다. 이 세상에서, 즉 지상에서 내 몸의 균형을 유지하는 것에서부터 나와 마주치는 타인들과의 균형을 유지하는 것으로 확장됩니다.

이러한 과정을 이해한다면, 9세 이하의 어린이들과 함께 노래할 때 화음 반주가 굳이 필요하지 않다는 것을 알 수 있습니다. 물론 아이들은 노래 부를 때 기타나 피아노 반주가 함께 이루어지는 것을 굉장히 좋아합니다. 하지만 그것이 꼭 필요한 요소가 아니기에, 악기를 잘 다루지 못해 기악반주를 할 수 없는 교사는 그 부분에 있어 안심해도 좋다고 말씀드리고 싶습니다.

실제로 기악반주 없이 아이들과 노래 부르는 경험을 해본 사람이라면, 악기반주를 넣지 않을 때 노래가 훨씬 아름답고 기쁘게 들린다는 것을 알 수 있습니다. 가장 중요한 것은 '자유롭게' 들린다는 것입니다.

반주 없이 노래한다고 지루함을 느끼는 아이는 없습니다. 다만 반주가 없으니 우리 어른들만 심심하다 느낄 뿐입니다. 반주가 들어가는 순간, 인위적인 '박'과 특정한 분위기를 조성하는 '화음'이라는 틀로 들어가게 됩니다.

그래서 유아부터 초등 저학년의 아이들과 함께 하는 노래는 장조와 단조처럼 어떤 특정한 분위기를 만들어내는 조성을 사용하기보다, 중립적이고 열려 있는 5음계로 이루어진 경우가 많습니다. 그 예로, 초등 저학년의 〈즐거운 생활〉에 나오는 전래동요, 놀이할 때 부르는 '여우야, 뭐 하니', 구구단을 외울 때 나오는 자연스러운 음들(이일은 이 이 이는 사…) 등이 그렇습니다. 5음계가 열려 있다는 것은 그것의 자유로움을 뜻하는 것입니다.

여기서 잠시 '자유로움'에 대해 말씀드리겠습니다. 5음계로 이루어진 노래는 노래가 끝나도 끝난 느낌을 주지 않습니다. 그래서 저는 교사들에게 이 음계를 설명할 때 농담처럼 이렇게 이야기 합니다. "밤을 새도 노래가 끝나지 않을 것 같고, 체력만 따라 준다면 멈추지 않고 영원히 부를 수 있을 것입니다."

확실한 결말을 짓지 않고 열려 있다는 것입니다. 끝난 것 같기도 하고 계속될 것 같기도 하다는 의미입니다. 다른 음계로 이루어진 노래의 경우, 시작과 끝이 분명해 결말을 내는 것과 대조되는 성질입니다.

5음계에 대해 좀 더 구체적으로 살펴보려면 우선 5도, 즉 음과 음 사이의 거리를 뜻하는 음정의 종류들을 살펴보고 그것을 느낌으로 알아보자는 것입니다. 어떤 음정이 우리에게 어떤 느낌을 주는지 알아자는 것입니다. 음정을 들었을 때 느끼는 편안함, 불편함 등의 느낌을 말입니다.

∫ 5도의 느낌과 5음계

5음계는 말 그대로 서로 다른 5개의 음이 나열된 것입니다. 이러한 5음계는 아무 규칙 없이 임의로 음을 나열하여 만드는 것이 아닙니다.

슈타이너는 그의 음악에 대한 강연 〈Das Wesen des Musikalischen und das Tonerlebnis im Menschen(음악적인 것의 본질과 인간이 경험하는 음)〉에서 인류의 발달사가 한 인간의 발달과 연관이 있다는 것에 대해 이야기합니다. 이것을 글로 설명하는 것이 쉽지는 않습니다. 그럼에도 이해를 도울 수 있도록 저의 음악적 느낌을 예로 들어 설명해보겠습니다.

제가 독일의 인지학적 음악치료사이자 음악교육자인 크리스티아네 쿰프(Christiane Kumpf)와의 개인적인 만남을 통해 얻은 하나의 인식입니다. 슈타이너는 음정(서로 다른 두 음 사이의 거리)을 사용하여 인류의 발달 과정을 비유적으로 이야기했습니다.

인류는 처음에 7도 음정의 느낌만 가지고 있었다고 합니다. 여기에서 '처음'이라는 것은 아틀란티스 시기를 말합니다. 고대 그리스의 철학자 플라톤은 이집트 문명과 메소포타미아 문명이 있기 이전에, 이미 고대문명이 지구상에 있었다고 주장하는데 그것이 바로 아틀란티스 시대입니다. 지금으로부터 약 만 년 전쯤 사라졌다고 하는 아틀란티스는 슈타이너에 의하면 오늘날의 유럽과 아메리카 사이에 존재했었습니다. 아틀란티스 시기의 지구와 인류에 대해 슈타이너는 이렇게 말합니다. 지구는 형태도 없이 혼란스러운 상태이고, 인류는 서서히 단단하게 굳어지기 시작하는 시기입니다. 현재의 우리는 7도를 듣기 불편한 음정으로 인지합니다. 7도는 불협화음을 내는 음정이기 때문입니다. 그러나 예전의 인류 즉, 아틀란티스 시기의 인류는 7도에 대해 지금의 우리와는 다르게 느끼고 있었다고 합니다. 왜 달랐을까요?

지금의 인류는 단단한 뼈를 가지고 있어 육체의 형태가 분명합니다. 또한 몸을 원하는 대로 자유롭게 움직일 수 있습니다. 하지만 초기 아틀란티스 시기의 인류는 부드럽고, 뼈도 단단하지 않았다고 합니다. 그리고 지구는 매우 찬 공기, 두터운 안개층과 수증기로 가득 찼었다고 합니다.

부드럽고 흐물흐물한 뼈를 가졌고, 변하기 쉬운 유동성을 가졌던 인류는 무언가를 받아들일 때 그것과 융화되는 것이 수월했을 것입니다. 단단한 뼈를 가진 지금의 우리에게는 불편하게 들리는 7도 음정이 그 시기의 인간에게는 거부감 없이 스며들었을 것이라는 뜻입니다.

이것은 마치 선입견으로 머리가 굳은 성인보다 아직 머리가 단단하지 않은 어린 아이들이, 새로운 것을 거리낌 없이 받아들이고 흡수하는 것에 비유할 수 있습니다. 그러면 7도가 어떤 음정인지 보도록 하겠습니다.

7도의 예

7도는 '도'부터 위로 7도 올라간 '시', '레'부터 아래로 7도 내려간 '미' 등입니다. 악기를 가지고 있다면 7도가 어떤 느낌을 주는지 한번 연주해 보시기 바랍니다.

두 음을 동시에 소리 내거나 한 음씩 차례로 소리를 내면서 말입니다. 그것은 마치 우리가 전혀 알 수도 예측할 수도 없는 미지의 세계에 내던 져진 듯한 느낌을 줍니다. 이 음정은 예전 인류(아틀란티스)의 상태를 의미 하는 음정입니다. 그러다 그 인류도 어느 순간 지금의 우리가 느끼는 것 과 같이 7도 음정을 고통스럽게(불협화음) 받아들이는 시기가 옵니다.

그 시기는 바로 지금의 우리가 살고 있는 후 아틀란티스 시기입니다. 즉, 지구와 인류에 큰 변화가 온 것입니다.

뼈가 너무 부드러워서 확고하게 땅 위에 설 수 없었던 시기에서 찬 공기와 수증기, 안개 등이 사라지고 모든 것에 분명한 형태가 생기는 시기가 된 것입니다. 이 시기의 인류의 상태는 더 이상 7도 음정의 상태가 아니라, 그보다는 조금 더 안정적으로 들리는 5도 음정의 상태로 접어든 것입니다.

5도의 예

5도 음정이란 '도'부터 위로 5도인 '솔', '라'부터 아래로 5도인 '레' 등입니다.

이것도 7도와 마찬가지로 소리 내서 들어본다면 그 느낌이 7도와 확연하게 다르다는 것을 알 수 있습니다. 7도 음정을 들을 때처럼 불쾌하고 불편한 느낌을 받는 것이 아니라, 그와 대조적으로 편안하게 들리는 것이 5도 음정입니다.

이것은 7도처럼 예측할 수 없이 광범위하게 느껴지지 않고 조금 제한적으로 여겨집니다. 말하자면 7도는 음과 음 사이의 거리가 상대적으로 멀어서 공허한 느낌을 주지만 5도는 그에 비해 좁은 음정입니다. 따라서 알 수 없는 것에 대한 불안함이 느껴지지 않습니다.

허전하기도 하며 명확하게 그 느낌을 알 수 없어 '이상하게'(무엇이 이상한지 구체적으로는 알 수 없지만) 들린다고 느껴지는 7도 음정에 비해, 5도는 어느 정도 형태가 있는 집을 갖게 된 느낌입니다.

5도는 안정적이기도 하지만 여전히 확고함이 덜한, 열려 있는 느낌을 줍니다. 형태가 있는 집이 생겼지만 언제든 드나들 수 있는 문이 활짝 열려 있는 집입니다. 이것이 이전 시대를 살았던 인류의 상태입니다(후 아틀란티스 시기 안에서도 지금 우리가 사는 시대보다 앞선 시기).

슈타이너의 강연 기록을 보면, 중국인들은 아직도 이 5도의 느낌을 가지고 있다고 합니다. 제 생각에는 같은 아시아인인 한국인들도 어느 정도 그 느낌을 유지하고 있지 않을까 싶습니다. 그렇다면 지금의 우리 인간들은 어떤 상태일까요? 지금 우리는 3도 음정의 느낌을 가지고 있다고 합니다.

3도의 예

3도 음정은 '도'부터 위로 3도 '미', '솔'부터 아래로 3도 '미' 등입니다. 이 음정 역시 악기로 소리 내어 들어보세요.

  도와 미가 동시에 울리거나 연달아 울릴 때 그 느낌은 5도보다 더 제한적이면서 닫힌 느낌을 줍니다. 완전히 집 안으로 들어온 느낌입니다. 이것은 현재의 인간들이 외부와 단절되어 있다는 뜻이 아니라, 내적으로 느낌을 가지고 있다는 의미입니다. 말하자면, 기쁘다 또는 슬프다 등의 감정을 가지고 있는 것이지요.

  7도와 5도 음정만을 느끼는 예전의 인류는 아직 내적인 느낌이 없이 밖으로 향해 있었습니다. 물론 그 시기의 인류도 감정을 가지고 있었겠지만 현재의 우리와 비교하자면 상대적으로 더 밖으로 향해 있었다는 뜻입니다. 신기하게도 3도는 화음의 근간을 이루는 음정으로 음악 안에서 분위기를 변화시켜 감정을 불러일으키는 역할을 합니다. 슈타이너가 의미한 인류의 발달과정과 인간의 발달과정이 연관성을 가지고 있다는 뜻을 어렴풋이 느낄 수 있습니다.

  유아기와 초등 저학년생, 그리고 초등 고학년생과 사춘기 학생을 비교해 볼까요. 유아기와 초등 저학년생이 뛰어노는 등의 신체적인 활동을 더 많이 하기를 원하고, 고학년생들은 겉으로 보이는 움직임보다는 내적으로 느끼는 활동을 더 많이 합니다. 가만히 앉아서 음악을 감상하거나 그림을 그린다거나, 또는 사색에 잠기는 것으로 말입니다.

바로 위에서 이야기 했던 '밖으로 향하는 인류'(겉으로 보이는 움직임이 활발한 어린이)에서 '안으로 향하는 인류'(속으로 느끼는 청소년)로의 발달이 이루어지는 것입니다. 그러니까 시기적으로 본다면 3도의 음정을 느끼는 지금의 인류는 인간의 발달 과정과 비교했을 때 10대 청소년기에 와 있다고 볼 수 있습니다.

화음을 만드는 토대가 되는 3도는 현재 인류의 상태입니다. 약 10세 이상이 되었을 때 그것을 느끼고 받아들일 수 있습니다. 그러므로 만 9세 이하의 아이들은 전 단계 인류가 가졌던 5도 느낌 속에서 살고 있다는 것을 이해할 수 있습니다.

슈타이너가 7도에 대해서는 인류의 발달만 언급했을 뿐, 인간의 발달에 대해서는 언급하지는 않았습니다. 하지만 추측하건대, 알 수 없는 곳에 내버려진 듯한 느낌을 주는 7도는 인간이 이 세상에 태어나기 직전부터 태어나는 그 순간까지가 아닐까 생각됩니다. 이전과는 완전히 다른 새로운 세상에 태어나는 순간 고통의 울음을 터뜨리는 아기를 떠올려본다면 말입니다. 알베르트 수스만은 양수의 온도와 바깥 세상의 기온 차가 커서 아이가 태어날 때 충격의 울음을 터뜨린다고 합니다.

내가 노래하는 멜로디를 지킬 수 있다는 것에 대해, 저는 외부의 어떤 영향력에도 흔들리지 않고 내 집 안에 들어와 있을 수 있는 것(3도의 느낌)이라고 표현하고 싶습니다. 하지만 만 9세 이하의 어린이들은 문이 활짝 열린 집안에서(5도의 느낌) 노래 부르다가도 밖에서 다른 멜로디가 들려오면 그것을 따라가는 식입니다. 아직 내가 노래하는 멜로디를 지키기 위해 내 집의 문을 닫고, 동시에 울리는 다른 멜로디를 구분할 수 있는 힘이 덜 깨어 있는 것입니다.

이제 5음계에 대해 이야기 하겠습니다. 장조의 외향적인 분위기(밝다. 즐겁다 등), 그리고 단조의 내향적인 분위기(사색적이다, 어둡다 등)를 배제시킨 음계가 5음계입니다. 그 분위기를 다시 확인하기 위해 한 번 더 장조화음과 단조화음의 예를 보여드리겠습니다.

다음에 나오는 악보를 보고 악기로 한 번 소리를 내어 들어보세요. 첫 번째 마디에서 장조, 그리고 두 번째 마디에서 단조의 느낌이 어떤지 경험할 수 있습니다.

장단조로 조성이 있는 음악은 그 시작과 끝이 늘 분명합니다. 즉, 확실한 집이 있어 음악은 그 집에서 시작해 그 집으로 돌아가 마무리됩니다. 예를 들어 '작은 별' 노래가 '도'로 시작해서 '도'로 끝나는 것처럼 말입니다.

작은 별

모차르트의 곡에 가사를 붙인 노래

윤석중 작사

반짝 반짝 작은 별 아름 답게 비치 네

동 쪽 하 늘 에 서 도 서 쪽 하 늘 에 서 도

반짝 반짝 작은 별 아름 답게 비치 네

언제든 드나들 수 있는 문이 활짝 열린 집에서 사는 아이들에게는 3도와 같이 문이 닫힌 확고한 집보다는 자유로운 음계가 더 어울립니다. 그 음계는 모든 악기를 조율할 때 기준이 되는 음인 '라'음부터 위로 5도 올려 생기는 '미', 그리고 그 '미'로부터 또 5도를 올려 생기는 '시', 다시 처음의 '라'음부터 아래로 5도에 있는 '레', 그 '레'부터 또 5도 아래에 있는 '솔'로 이루어진 음계입니다.

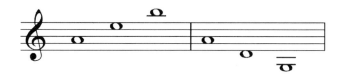

　그렇게 서로 5도 간격으로 멀리 떨어져 있는 다섯 개의 음을 한 옥타
브 안에 집어넣으면 레, 미, 솔, 라, 시가 됩니다.

　여기서 처음의 레와 미를 한 옥타브 위에서 한 번씩 더 나오게 하여
레, 미, 솔, 라, 시, 레, 미가 됩니다. 레와 미를 한 옥타브 위에서 반복하는
이유는 어린 아이들이 지닌 음역에 다가가기 위한 것입니다.

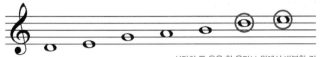

시작의 두 음을 한 옥타브 위에서 반복한 것

어린 아이들이 얼마나 높은 음까지 자유롭게 노래할 수 있는지는 아이들과 함께 노래를 불러본 경험이 있는 사람이라면 잘 알 것입니다. 보통의 성인 여성이 노래할 수 있는 음역은 위의 악보에 나온 높은 '미' 정도까지입니다. 하지만 저의 경험으로 많은 교사들은 높은 '미' 음을 내는 것도 힘들어 합니다.

아이들은 아무렇지 않게 높은 '미'는 물론 '파'까지 부르기도 합니다. 이러한 어린이들의 음역에 맞춰 노래한다는 것이 간혹 '소리 낼 수 있는 음역이 낮은' 교사에게는 힘든 일입니다. 하지만 아이들이 본래 가지고 있는 음역을 지키며 성장하길 바란다면 교사나 부모는 노래를 부르는 도중에 음이 낮게 떨어지지 않도록 의식적으로 노력해야 합니다. 남성의 경우 여성이 부르는 음역에서 한 옥타브 내려서 노래해도 좋습니다.

레, 미, 솔, 라, 시, 레, 미, 이 다섯 개의 음이 가진 놀라운 힘은 멜로디를 만들 때, 즉 작곡할 때 어떤 음으로 시작하거나 끝내도 틀렸다는 느낌을 주지 않는다는 것입니다. 장조나 단조의 음계를 사용해 노래를 만들 경우, 엄격한 이론적 규칙을 사전에 반드시 알고 있어야 합니다. 그리고 그 규칙을 어기면 '이상한' 느낌을 주는 멜로디가 만들어집니다.

앞에서 언급한 '작은 별' 노래를 보면 장조에서는 처음 시작한 음으로 끝을 내야 한다는 규칙을 비롯해, 화성의 진행 등 이 책에서는 다루지 않은 여러 이론적인 규칙들이 있습니다. 그것을 어겨서 노래의 시작과 끝에 서로 다른 음이 들어갈 경우, 그 노래는 마치 불협화음을 들었을 때처럼 '잘못'되었다는 이상한 느낌을 줍니다.

하지만 5음계로 노래를 만들 때는 이론적 규칙이 필요하지 않습니다. 5개의 음을 어떻게 배열하더라도 이상한 느낌을 주지 않습니다. 그래서 음악을 어렵게 느끼거나 음악에는 소질이 없다거나 혹은 음악과 거리가 멀다고 생각하는 초보자도 5음계만으로 아이를 위한 노래를 작곡할 수 있습니다.

음악적 소양이 부족해도 이 5음계만 사용한다면 즉흥연주까지도 가능합니다. 그렇기 때문에 이것은 어른들을 위한 음악치료에서도 빈번하게 사용되는 음계입니다. 이 음계로 이루어진 노래는 조성이 있는 노래처럼 특별히 외향적이거나 내향적인 분위기를 자아내지 않습니다. 5음계는 이 세상에 적응하는 아이들처럼 열려 있고 중립적인 분위기를 지닙니다.

그렇다고 만 9세 이하의 아이들과는 무조건 조성이 없는 5음계의 노래만 불러야 한다는 뜻은 아닙니다. 다만 발도르프 교육, 즉 자연스러운 교육에 있어서 왜 5음계가 중요한가를 알려드리기 위해 말씀드렸습니다.

하지만 유감스럽게도 국내에는 특히, 국내의 발도르프 교육에서는 만 9세 이하의 아이들과는 5음계로 이루어진 노래만 불러야 한다는 그릇된 지식이 전해져 있는 상황입니다. 여기서 잊지 말아야 할 것은 "모든 아이들은 노래 자체를 사랑한다"는 것입니다. 그렇다면 아이들과 어떤 노래를 부르는 것이 좋은지 알아보겠습니다.

♪ 노래의 선택

이 세상에는 수많은 동요가 있습니다. 그 많은 동요 중 아이들과 함께 부를 노래를 선택할 때 주의할 점은 그 노래의 선율과 가사가 얼마나 통일성을 가지고 있느냐 하는 것입니다. 동요는 많지만 가사와 선율이 통일감을 이루는 동요는 많지 않습니다.

발도르프 교육자들, 특히 음악교육자들은 바로 이 점에 굉장한 무게를 두고 노래를 만듭니다. 그리고 그러한 노래들을 찾아 수업을 준비합니다. 음악은 음들의 움직임에 의해 만들어집니다. 그 움직임들이 가사를 표현합니다. 예를 들어, '톡톡톡톡 떨어지는 빗방울'이라는 가사에는 한 음이 반복적으로 제자리걸음을 하는 것이 어울립니다. 여러 음들이 화려하게 움직이는 것보다 말입니다.

아래는 제가 의도적으로 만든 가사와 선율의 통일성이 없는 노래입니다.

훨훨 날아가는 새

(미레 시라솔미 레)

분명히 새가 어디론가 날아가는 내용의 가사입니다. 그런데 음은 높은
곳에서 땅으로 떨어지고 있습니다. 마치 하늘에서 누군가가 혹은 무언가
가 땅으로 내려오는 느낌입니다. 그렇다면 이렇게 해보는 것은 어떨까요.

훨훨 날아가는 새

(레레 솔솔라라 시)

어떤가요? 두 번째의 멜로디가 훨씬 더 날아가는 새와 잘 어울리지 않

나요? 아이들은 악기보다 노래를 먼저 접합니다. 노래의 가사와 멜로디가 통일성을 이루는 것은 매우 중요합니다. 그 이유는 나중에 악기교육을 받게 될 때 가사 없이도 음악을 보다 더 음악적으로 마주하고 표현하는데 도움이 되기 때문입니다.

음악은 음들의 움직임으로 인해 생깁니다. 이 세상의 모든 소리는 움직임이 표현된 것입니다. 컵에 담겨 있는 움직임이 없는 물은 아무 소리를 내지 않습니다. 하지만 흐르는 냇물은 졸졸졸 소리를 냅니다. 또한 바람이 움직이면, 즉 바람이 불면 소리가 납니다. 그래서 음악 역시도 음들의 움직임으로부터 만들어진다는 것입니다.

작곡가들이 음들의 움직임을 창조해낼 때는 그에 해당하는 의도가 있습니다. 그 의도를 파악하고 표현하는 사람이 바로 연주자입니다. 따라서 현재 연주자로 활동하는 사람은 물론, 아이들을 위한 동요를 작곡하는 사람이라면 음정에 대해 반드시 고찰해야 합니다. 음정은 음의 움직임을 관찰하기 위한 기초가 됩니다. 음정의 연속이 멜로디를 만들어내기 때문입니다.

볼프강 뷘쉬(Wolfgang Wünsch)의 《Menschenbildung durch Musik(음악을 통한 인간교육)》에서 그는 음정의 쓰임과 그 특성을 잘 보여줍니다. 객관성을 가지고 기존의 음악작품들을 예로 들면서, 음정을 관찰할 때 개별적이고도 주관적으로 그것을 알 수 있게 돕습니다. 그는 결코 음과 음 사이의 거리를 나타내는 음정의 특성에 대한 정의를 내리지 않습니다.

그 책의 도움이 없어도 음정을 공부할 수 있습니다. 바로 1도부터 스스로 들어보며 탐구해 나가는 것입니다. 1도의 움직임으로 작곡된, 혹은 2도, 3도, 4도, 5도, 6도, 7도, 8도 등의 움직임이 두드러지는 작품들을 통해 그 특성을 발견해 보는 것입니다.

예를 들어, 3도의 특성을 관찰하고 싶다면, 베토벤의 〈운명 교향곡 1악장〉 도입부를 살펴보는 것이 도움이 될 것입니다.

위의 악보를 보면 벌써 주제가 되는 시작 모티브에서부터 '솔솔솔-미(플렛), 파파파-레' 하고 하강하는 3도가 등장합니다. 만약 이것이 '솔솔솔-미(플렛)'가 아닌 '솔솔솔-도'였다면(하강하는 5도) 그 느낌은 완전히 달랐을 것입니다.

여기서 3도가 주는 느낌이 어떤지 살펴보는 것입니다. 사람마다 느끼는 것이 다르겠지만 저는 이 하강하는 3도는 ff라는 악상기호(포르티시모: 매우 강하게)와 함께 내 안의 잠든 무언가를 깨우는 느낌을 줍니다.

또 다른 예로, 2도를 관찰하고 싶다면 드보르작의 〈신세계 교향곡 4악장〉의 도입부를 통해 가능합니다.

첫 마디부터 '시-도' 하고 세 번째 마디까지 2도의 반복이 등장합니다. 1도가 제자리인 것에 비해(예: 도-도, 시-시 등) 2도는 변화가 생기기 시작하는 음정입니다. 원래 자리에서 한음 위로 혹은 한음 아래로 자리를 이동하는 것이 2도입니다.

다시 말해 움직임을 드러내기 시작하는 음정입니다. 위 악보의 첫 마디에서 '시-도' 하고 움직였습니다. 하지만 곧 두 번째 마디에서 다시 원래 자리였던 '시'로 돌아와 다시 '도'로 올라갑니다. 그리고 세 번째 마디에서 다시 '시'라고 하는 제자리로 돌아와 또 '도'로 올라가기를 두 번 반복합니다. 이 세 마디만 보더라도 2도는 활발하게 무언가가 일어나기 위한 태동을 보여주는 듯합니다.

음악을 가르치는 사람이 음악성을 발휘한다는 것은 단지 음악적 테크닉을 발휘하는 것만을 의미하는 것이 아닙니다. 위에서 다룬 내용과 같은 음의 움직임(음정), 또 여기서는 다루지 않은 쉼표의 의미 등에 대해 연구하면서 늘 아이와 함께 행위하고 유연하게 사고할 수 있는 것을 의미합니다.

4장

아이에게 맞는
악기의 선택

아이가 사고, 감정, 의지에 해당하는 부분 중 어느 한쪽으로 치우친 경향이 있는지,

아니면 그 모든 요소들이 조화롭게 균형을 이루는지 잘 관찰하고 그에 상응하는

악기를 선택하는 것입니다.

♪ 어떤 악기를
배우는 것이 좋을까?

       슈타이너는 아이들이 가능한 한 일찍 악기를 접해
야 한다고 말했습니다. '나'라는 주관적 대상이 객관적 대상(악기)을 통해
외부로 나가는 경험을 하는 것이 굉장히 중요하다고 했습니다. 그것은 다
른 사물을 통해 나 또는 나의 내면을 간접적으로 드러내는(표현하는) 경험
을 뜻합니다. 그리고 악기교육, 그 중에서도 연습이 가진 힘에 대해 앞에
서 충분히 말씀드린 바 있습니다. 연습은 어떤 새로운 움직임이 익숙해질
때까지 혹은 자연스러워질 때까지 반복하는 행위입니다.

  인간의 모든 행위는 움직임의 연속으로 이루어집니다. 그 중 하나가
어린 아이의 걸음마 연습입니다. 아이는 걷기 위해 두 발로 자신의 체중
을 지탱하고 서서 한쪽 발을 땅에서 떼어 앞으로 내딛습니다. 동시에 또

다른 발을 땅에서 떼어 조금 더 앞으로 내딛습니다. 비틀거리기도 하고 경직되어 있기도 합니다. 한마디로 우리 어른들의 눈에는 자연스럽지 못한 움직임처럼 보입니다.

하지만 그 움직임을 수없이 반복하는 가운데 어느 날 조금 덜 경직되어 있고, 또 어느 날엔가는 자연스럽게 자신 있게 앞으로 걸어나갑니다. 이것이 연습의 힘입니다. 연습으로 자신을 만들어나가는 창조적인 인간의 모습입니다.

이렇게 자신을 스스로 만들어나가는 창조적인 행위는 어른이 되어서도 꾸준히 이어갈 수 있습니다. 연습이 필요한 어떠한 행위를 함으로써 말입니다. 그 중 하나가 악기 연습입니다. 자, 그럼 아이에게 어떤 악기를 배우게 하는 것이 좋을까요?

많은 부모들이 자녀가 어떤 악기를 배우는 것이 좋을까에 대한 고민을 하지 않은 채 악기를 쉽게 선택합니다. 그 중의 하나가 피아노입니다. 흔하게 접할 수 있다는 이유로 피아노를 선택한다면 그것은 엄청난 실수입니다. 그 이유를 설명하기에 앞서 먼저 여러 악기를 인지학적인 관점에서 구분해 살펴보겠습니다.

이것은 발도르프 음악교육 뿐만 아니라, 인지학적 음악치료에서도 적용되는 관점이기도 합니다. 이에 대해 더 깊이 있게 알고 싶다면 수잔네 라인홀트(Susanne Reinhold)의 《Anthroposophische Musiktherapie(인지학적 음악치료)》를 참고하시기 바랍니다.

루돌프 슈타이너의 인지학에서 인간은 세 구성체로 되어 있다고 이야

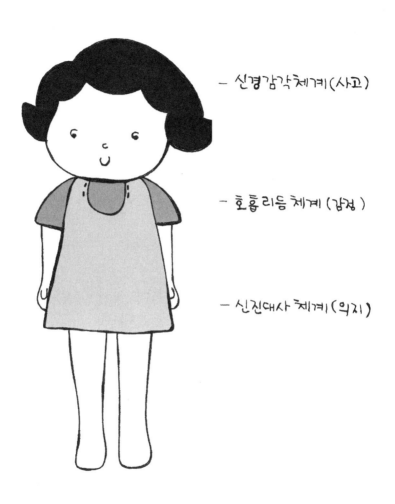

- 신경감각 체계 (사고)

- 호흡리듬 체계 (감정)

- 신진대사 체계 (의지)

사고는 관악기, 감정은 현악기, 의지는 타악기에 해당합니다.

기합니다. 즉, 사고에 해당하는 머리, 감정에 해당하는 가슴, 의지에 해당하는 팔다리입니다. 이것은 각각 신경감각체계, 호흡리듬체계, 신진대사체계와 상응합니다.

이는 음악의 3요소 즉, 멜로디, 화음, 리듬과도 일치합니다. 우선 사고에 해당하는 것부터 말씀드려 보겠습니다.

♪ 사고
: 관악기

사고(생각)하는 인간의 모습을 떠올려 보세요. 사고하기 위해 몸의 움직임을 멈추고 집중합니다. 부산스럽게 움직이면서 사고에 집중하는 사람은 없을 것입니다. 이와 연관되는 악기는 바로 관악기입니다.

관악기를 연주할 때는 고른 호흡을 위해 팔다리를 많이 움직이지 못합니다. 관악기를 연주하는 위치는 머리 부분(입)입니다. 관악기의 특성은 멜로디를 연주할 수 있다는 것입니다. 관악기 단독으로 혼자서 연주할 경우 화음 연주는 불가능합니다.

인간의 사고와 연관되는 악기는 관악기이며, 그에 상응하는 음악적 요소는 멜로디입니다. 다음은 감정에 해당하는 음악적 요소와 악기를 살펴보겠습니다.

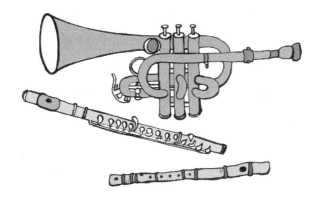

관악기는 인간의 구성체 중 머리에,
음악의 3요소 중 멜로디에 해당합니다.

♪ 감정
: 현악기

감정은 인간의 호흡과 밀접한 연관이 있습니다. 우리는 놀라면 순식간에 숨을 들이키게 되고, 다시 안정을 찾으면 길게 숨을 내뱉습니다. 또한 기뻐서 흥분하게 되면 호흡이 빨라지기도 합니다. 이렇게 인간의 감정은 호흡과 함께 움직입니다.

호흡의 특성은 들숨과 날숨, 두 가지 방향으로 이뤄집니다. 이렇게 두 가지 방향으로 연주하는 악기가 바로 현악기입니다.

이 악기들의 특성은 쓰다듬거나(하프), 활로 연주함으로써(바이올린, 비올라 등) 화음을 낼 수 있습니다. 동시에 두 개 이상의 음을 소리 낼 수 있습니다. 이 악기를 연주하는 위치 또한 인간의 폐와 심장이 있는 가슴 근처입니다. 그리고 화음은 느낌(감정)을 갖게 합니다.

인간의 감정에 해당하는 음악적 요소는 화음이며, 그에 상응하는 악기는 현악기입니다. 자, 이제 마지막으로 의지에 해당하는 악기를 살펴보겠습니다.

현악기는 인간의 구성체 중 감정,
음악의 3요소 중 화음에 해당합니다.

♪ 의지
: 타악기

의지는 사고와는 사뭇 다릅니다. 사고를 하려면(생각하기 위해) 몸을 고요히 정지시켜야 합니다. 하지만 의지는 신체(팔다리)의 움직임을 필요로 합니다. 그에 상응하는 악기가 바로 타악기입니다.

타악기의 특성은 멜로디나 화음을 연주할 수 없지만, 리듬을 연주할 수 있다는 것입니다. 멜로디가 음의 높낮이를 표현한 움직임이라면, 리듬은 음의 길이를 표현한 움직임입니다. 즉, 멜로디는 도레미파 등의 계이름으로 나타낼 수 있고, 리듬은 ♪ ♩ (8분 음표, 4분 음표)와 같은 음의 길이로

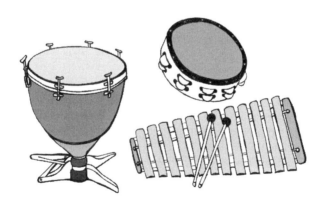

타악기는 인간의 구성체 중 의지에,
음악의 3요소 중 리듬에 해당합니다

표현되는 것이 동일한 형태로 반복되는 것입니다.

　예를 들어, 탱고의 경우 리듬이 강조된 춤곡입니다. 그렇기 때문에 '탱고 멜로디'라는 표현보다 '탱고 리듬'이라는 표현이 더 많이 사용됩니다.

Libertango

ASTOR PIAZZOLLA
Arranged for the piano by: Mehmet Okonsar

　위의 악보는 피아졸라의 〈리베르 탱고〉 악보입니다. 이 피아노 악보의 왼손 부분(두 개의 단으로 이루어진 악보에서의 아랫단)을 보세요. 모든 마디마다 '점4분 음표 + 점4분 음표 + 4분 음표'로 이루어져 있습니다. 이것이 탱고 리듬입니다.

　리듬에 대해 이야기 하고 있기 때문에 계이름은 중요하지 않습니다. 이렇게 반복적인 형태로 흘러가는 것이 바로 리듬입니다. 박수치기나 발을 굴러 이 리듬을 소리 낼 수 있지만, 박수로 멜로디를 소리 낼 수는 없습니다. 멜로디는 음들의 높낮이를 배열한 것이기 때문입니다. 즉, 리듬은 음의 길이이고, 멜로디는 음의 높낮이입니다.

다시 리듬 이야기로 돌아와, 실제로 우리는 리듬이 강조된 음악을 들으면 저절로 발을 움직이거나 손을 까딱거립니다. 혹은 온 몸으로 춤을 추기도 합니다.

인간의 의지에 해당하는 음악적 요소는 리듬이며, 그에 상응하는 악기는 타악기입니다. 음악활동은 전신을 사용하는 활동이며, 음악은 우리의 전신에 영향을 미칩니다.

슈타이너는 그의 강연록 〈Das Wesen des Musikalischen und das Tonerlebnis im Menschen(음악적인 것의 본질과 인간이 경험하는 음)〉에서 이 세 종류의 악기는 인간의 상상으로 만들어진 악기가 아니라 정신세계에서 내려온 악기라고 이야기합니다.

슈타이너는 인간과 인간이 살고 있는 세계의 본질을 논하면서 육체, 영혼, 그리고 정신에 대해 이야기 합니다. 육체는 그 형태를 육안으로 확인할 수 있는 '물질세계'이며, '영혼'이 있기에 우리는 느낄 수 있습니다(감정의 변화).

그렇다면 '정신세계'는 무엇일까요? 정신에 대해 설명하는 것이 쉬운 일은 아닙니다. 정신은 불변하는 이치 혹은 진리의 세계라고 설명할 수도 있습니다. 육체는 물질(물질의 세계)이면서 영원하지 않지만(죽음과 함께 사라지는 우리의 육체), 정신세계는 사라지지 않는 영원한 그리고 높은 차원의 세계를 의미합니다.

정신은 육안으로 확인이 불가능합니다. 대신 물질 속으로 정신이 들어가면 그 물질을 통해서 정신의 존재를 볼 수는 있습니다. 예를 들어 우리는 시대에 지배적으로 드러나는 정신을 '시대정신'이라고 표현합니다. 우리가 이 시대정신이 존재한다는 것을 보고 느낄 수 있는 이유는 바로 우리 인간이라는 물질이 있기 때문에 가능한 것입니다. 즉, 나(육체)를 통해 정신이 드러나는 것입니다. 주지주의, 물질주의 등은 우리 인간을 통해 드러나는, 이 시대의 특징입니다.

만약 정신세계를 신의 세계로 해석하고자 한다면 모든 인간은 신성(神性)을 가지고 있다고 볼 수도 있습니다. 말하자면 신의 존재가 드러나기 위해 인간의 육체가 필요한 것입니다. 알베르트 수스만이 인용한 노발리스의 표현을 여기서 재인용해 보겠습니다.

> "외적인 현상은 신성한 내면의 비밀이 드러난 것이다."
> ― 독일의 낭만주의 작가 노발리스

이러한 표현을 두고 '이단'이라고 생각한다면 정신에 대해 아직 깊이 있게 이해하지 못한 것입니다. 종교가 없는 저의 경우도 '내 안의 신성(나의 정신)'을 느끼는 경우가 있습니다. 저는 제가 굉장히 힘든 일을 해냈을 때 그것을 느낍니다. 그리고 이렇게 생각합니다. '신(또는 하늘)은 아무나 돕지 않는다. 노력한 자만이 신(또는 하늘)의 도움을 받을 수 있다'라고 말이지요.

"노력한 자만이 좋은 결과를 얻을 수 있다"는 것을 알아차리고 노력을 실행하는 것이 바로 '나의 정신'입니다. 즉, 나에게 "하면 된다!"라는 이치를 깨닫는 정신이 없다면, 나는 노력이라는 것을 시도하지 않을 것입니다. 그리고 안 좋은 결과에 대해 감정적으로 불평이나 늘어놓는 열등감에 휩싸인 게으른 사람이 될지도 모릅니다.

그렇다면 '정신세계에서 내려온 악기'라는 의미는 무엇일까요? 인간의 단순한 감정과 생각 혹은 상상으로 만들어진 악기가 아니라, 고차원의 불변의 진리가 물질로 육화된(물질을 입은) 것입니다. 즉, 인간의 모습(머리-가슴-팔다리)을 한 오케스트라 악기를 통해 정신이 드러나는 것입니다. 그것이 바로 인간을 이루는 세 구성체인 머리(입), 가슴, 팔다리로 연주할 수 있는 관악기, 현악기, 타악기인 것입니다.

♪ 피아노

하지만 피아노는 어떤가요? 피아노는 멜로디 악기이자, 화음 악기이며, 타악기의 역할을 동시에 합니다. 그야말로 최상의 실용적인 악기입니다. 저 또한 피아니스트로 활동하며, 그 실용성에 있어서는 다른 악기와 비교할 수 없다는 것을 실감합니다.

그런데 슈타이너는 정신세계에서 내려온 악기들에 피아노를 포함시키지 않습니다. 피아노는 인간의 생각과 상상으로 만들어진 악기라는 것입니다. 결코 피아노의 가치를 낮게 평가하는 것이 아닙니다. 슈타이너가 의미한 부분을 숙고한다면, 그는 오히려 피아노를 섣불리 다룰 수 없는

슈타이너는 피아노를 섣불리 다룰 수 없는 굉장히
어렵고 까다로운 악기로 해석하고 있습니다.

굉장히 어렵고 까다로운 악기로 해석하고 있습니다.

앞서 말씀드린 인간의 모습을 하고 있는 세 악기군은 연주 방식이 직
접적입니다. 관악기는 입에 대고, 현악기는 끌어안고, 타악기는 손의 움
직임이 그대로 악기의 소리로 드러납니다. 하지만 피아노의 경우, 소리를
내는 과정을 잘 살펴보면 연주자와 악기 사이에 여러 단계에 걸쳐 부속품
들이 연결되어 있습니다. 연주자가 건반을 누른다고 해서 바로 소리가 나
오는 것이 아닙니다. 건반을 누르면 해머가 작동해 현을 때리는 간접적인

연주 방식입니다.

또한 세 악기군은 각 악기마다 고유의 특정 음색을 가지고 있습니다. 플룻의 소리와 호른의 소리, 바이올린의 소리와 콘트라베이스의 소리, 팀파니의 소리 등을 떠올려 보세요. 그런 반면에 피아노는 고유의 특징 음색이 없습니다. 연주자가 직접 음색을 만들어내야 합니다.

위의 삽화처럼 연주자가 스스로 음색을 상상해 연주할 수 있어야 한다는 뜻입니다. 그렇지 않으면 연주가 아닌, 말 그대로 피아노를 '치는(때리는)' 것에 그칩니다. 레가토(음과 음 사이를 이어서 연주하는 주법) 역시 호흡으로 조절할 수 있는 관악기나, 활로 이어서 가능한 현악기와 달리 여러 부품이 작동하는 피아노에서 그런 연주를 하기에는 조건이 더 까다롭습니다.

이에 대해서는 볼프강 뷘쉬도 언급했습니다. 피아노를 정말로 잘 연주하는 연주자의 소리를 들으면 피아노에서 오케스트라의 울림을 들을 수 있습니다. 인간의 정신세계가 아닌 인간의 상상으로 만들어진 악기로 정신세계를 표현하는 것이 얼마나 어려운 일인지를 이해하셨을 것입니다.

오케스트라 악기들을 연주할 때도 물론 높은 음악성이 요구됩니다. 하지만 피아노는 오케스트라 악기가 가진 정신세계를 표현하기 위한 음색을 상상해, 그 음색을 소리내기 위해 더 높은 차원의 음악성이 필요한 악기입니다. 그래서 숙고하지 않은 채, 아이에게 피아노를 가르치려 한다면 그것은 옳지 않다는 것입니다. 이것은 피아노를 가르치는 사람이 대단한 음악성을 가지고 있지 않으면 안 된다는 뜻이기도 합니다.

가르치는 사람의 음악성이란 단지 음악에 대한 이해력만 뜻하는 것이 아닙니다. 인간에 대한 이해까지도 포함합니다. 그 두 가지를 모두 갖춘 교사를 찾는 것이 쉬운 일은 아닙니다. 이런 관점에서 볼 때 현대인들이 얼마나 피아노를 가볍게 생각하는지를 알 수 있습니다.

뛰어난 음악성을 가진 피아노 교사를 찾기 힘든 경우라면 오케스트라 악기의 음색들을 먼저 경험하는 것이 좋습니다. 나중에 피아노를 배우게 되더라도 그렇게 하는 것이 그때 큰 도움이 됩니다.

아이들마다 끌리는 악기가 있을 것입니다. 하지만 특별히 매력적으로 느껴지는 악기를 스스로 찾지 못한 아이의 경우, 아이의 특성을 잘 살펴보고 교사나 부모가 그것을 추천해 줄 수 있습니다. 악기 선택을 위해 앞에서 말씀드린 인간의 세 구성체와 그 특성(음악적 요소)을 참고하면서 말이지요.

상상력이 풍부하고 사고가 유연한 아이라면 가벼운 고음이 나오는 멜로디 악기를 선택할 수 있습니다(예를 들어 관악기-플룻). 또 생각하거나 숙고하기보다 신체적인 활동을 좀 더 좋아하는 아이의 경우라면 멜로디 악기보다는 리듬 악기(타악기)를 추천하는 것이 그 아이의 성장에 도움이 될 수 있습니다. 아이가 사고, 감정, 의지에 해당하는 부분 중 어느 한쪽으로 치우친 경향이 있는지, 아니면 그 모든 요소들이 조화롭게 균형을 이루는지 잘 관찰하고 그에 상응하는 악기를 선택하는 것입니다. 이것은 발도르프 학교에서 아이의 특성과 닮은 악기를 찾는 방식이기도 합니다.

사고와 의지 중 조금 더 많은 경향을 보이는 쪽과 비슷한 악기를 선택하여 아이가 큰 부담없이 악기를 접하도록 할 수 있는 것입니다. 만약 사고만 하거나 의지의 활동만 하는 심한 불균형을 보일 때는 느끼는 것에 문제가 생길 수 있습니다. 감정을 조절하지 못하거나, 감정이 전혀 없을 수 있다는 뜻입니다. 예를 들어 유년기에 신체를 사용하는 활동보다 지적인 학습과 같이 머리와 관련된 활동들만 주로 하며 자란 사람은, 지식은 많은데 그것을 활용할 수 있는 신체적 조건(의지를 실천할 수 있는 조건)은 갖추지 못하는 것입니다. 다섯 살짜리 아이가 '지구는 자전한다'는 추상화된 개념은 알면서 스스로 단추를 끼울 수 없고, 혼자서 신발을 신지 못하는 경우가 많습니다.

신체적 활동은 의지를 상징하는데 바로 앞의 예시에서 이야기 하는 '커다란 사고와 약한 의지'라는 불균형이 어떤 결과를 초래할까요? 머리로는 아는데 몸이 그것을 수행해내지 못한다면 거기서 오는 좌절감과 패배감, 열등감, 피해의식, 신경쇠약 등으로 고통받게 됩니다. 이러한 감정들은 모두 낮은 자존감이라는 감정과 연관이 있는 것입니다.

매번 1등을 하는 애가 이번에도 1등을 했는데 울고 있길래 왜 우느냐고 물었더니 평균점수가 1점 떨어져서 그렇다고 이야기합니다. 이것(낮은 자존감)은 바로 머리만 키우고 몸은 키우지 않은데서 오는 당연한 고통입니다.

사고와 의지의 부조화는 어른들 사이에서도 나타납니다. 지식만 쌓아 입으로는 세련된 언어를 논리정연하게 구사하는데 행동은 어린아이 같은 사람들이 있습니다. 머리는 컸는데 행동이 미성숙하다는 것은 바로 감정을 조절할 줄 모르거나 감정이 없기 때문입니다. 감정을 다스릴 줄 몰라 자기합리화를 하며 모든 것을 남의 탓으로 돌리고, 자살을 시도하고, 폭력을 쓴다거나 폭언을 하고, 타인을 뒤에서 욕하고 깎아내리는 인터넷 악플러처럼 미성숙한 행동을 하는 것입니다.

다시 악기 이야기로 돌아와서 가령, 자기세계에 갇혀(사고) 타인을 잘 받아들이지 못하거나, 몸을 사용하는 활동만 원하는 경우에는(의지) 현악기(감정과 연관된 악기)를 추천할 수도 있습니다.

잘 느낄 수 있다는 것은 그에 따라 바르게 생각하고 행동할 수 있다는 뜻입니다. 잘 느낀다면 사고와 의지라는 반대되는 양극이 서로 조화를 이룰 수 있습니다. 하지만 잘 느끼지 못한다면 조화가 깨집니다. 그래서 이런 경우, 잘 느낄 수 있게 돕는 심한 불균형에 조화를 가져다 줄 수 있는 감정과 연관된 현악기를 배우게 할 수도 있다는 것입니다.

중요한 것은 공교육에서 처음 멜로디 악기(리코더)를 시작하는 나이는 10살(3학년)입니다. 이것은 10살에 악기를 시작해도 결코 늦지 않다는 뜻이기도 합니다. 전 세계적으로 만 7세에 초등학교 입학이 이루어지는 이유와도 같은 맥락입니다. 만 7세에 공부를 시작해도 결코 늦지 않다는 뜻이지요.

앞서 음악성 있는 피아노 교사를 찾을 수 없는 경우, 오케스트라 악기로 시작하는 것이 더 좋다고 말씀드린 것은 환경과 상황이 가능할 경우에 해당합니다. 이를 두고 무조건 모든 아이들이 오케스트라 악기를 배워야 한다는 일종의 처방전처럼 받아들이는 것은 옳지 않습니다.

가장 이상적인 것은 학생들에게 고가의 악기를 직접 준비하게 하는 것이 아니라, 교육기관에서 악기를 모두 준비해 모든 아이들(그들의 후배들까지도)이 그것을 경험할 수 있게 하는 것입니다. 그것이 발도르프 학교의 정신이기도 합니다.

언제나 어디서나 누구나 경험할 수 있는 것! 그래서 저는 이 책을 통해 현재 한국의 공교육에서 사용하는 모든 아이들이 부담 없이 준비할 수 있는 리코더 지도법을 중점적으로 다루려고 합니다.

진정한 의미의 '교육예술'이란 가진 것을 '활용'하는 것입니다. 본질을 파악하지 못한 채 물질적인 부분만 '흉내' 내는 것이 아닙니다. 하지만 독자 여러분들은 종종 이름만 언급되는 '어린이 라이어'라는 악기에 대해 궁금하실 것입니다. 리코더 지도법에 앞서 짧게 그것의 역사와 특징을 다뤄보도록 하겠습니다.

∫ 어린이 라이어

라이어(리라)는 발도르프 교육을 위해 새로 탄생한 악기가 아닙니다. 이미 오래 전 그리스 신화에 등장하는 긴 역사를 가진 현악기(하프의 일종)입니다.

뮤즈의 아들인 오르페우스는 이 악기를 연주하며 노래를 불러 사악한 무리의 마음을 누그러뜨려 위험한 상황에서 벗어났다고 합니다. 이렇듯 라이어의 놀라운 효과는 오늘날까지 지속되어 음악교육과 음악치료에도 사용되고 있습니다. 그러한 라이어를 발도르프 교육에서 어린이에게 적합하게 재탄생시킨 것이 어린이 라이어라는 악기입니다.

최초의 어린이 라이어, 그러니까 재탄생된 최초의 어린이 라이어는 1968년에 만들어졌습니다. 아이들을 위한 이 악기를 구상하고 제작하는 데 세 사람이 참여했습니다.[4]

공작 선생님이자 나중에 라이어 제작자가 된 헬무트 호프슈테터 (Helmut Hofstetter), 그는 엥엘베르그 발도르프(Freie Waldorfschule Engelberg) 학교의 10학년 학생들과 함께 저학년 아이들을 위한 작은 현악기를 만들었습니다. 그 활동을 계기로 후에 라이어를 제작하게 되었습니다.

음악교육자이며 치료사이자 작곡가인 율리우스 크니림(Julius Knierim), 그는 이 악기를 제작할 때 음악교육적 연구 결과들과 실질적 경험들을 중점적으로 활용하였습니다.

음악가이자 악기 제작자인 노베르트 비써(Nobert Visser), 그는 1950년 대부터 경험해온 것들을 바탕으로 소리가 울리는 재료에 대한 연구, 그리고 새로운 악기의 역사에 관한 연구를 하며 오늘날 코로이 악기 제작소에서 만들어진 형태의 라이어를 고안해 냈습니다.

학생들의 손에서 만들어진 최초의 라이어들은 그야말로 단순한 수공업 작품이었습니다. 그리고 그것은 헬무트 호프슈테터의 라이어 제작소에서 계속 생산되었습니다. 1970년대 중반부터는 이 악기가 독일 부퍼탈(Wuppertal)과 필더슈타트(Filderstadt)에 위치한 코로이 악기 제작소에서 생산되고 있습니다. 그리고 다양한 악기 제작자들이 이 최초의 어린이 라이어에서 영감을 받아 다양한 형태의 어린이 라이어 모델들을 발전시켰습니다.

어린이 라이어는 7개의 현, 5음계(레, 미, 솔, 라, 시, 레, 미)로 이루어진 만 9세 이하의 아이들을 위한 하프입니다. 어린이 라이어가 왜 5음계로 만들어졌는지에 대해서는 앞서 설명드린 5음계와 5도에 관한 글에서 확인하실 수 있습니다.

발도르프 유아교육 현장에서는 동화나 인형극을 들려줄 때나, 자장가와 함께 짧게 어린이 라이어를 연주하여 안정적인 분위기를 만들어줄 수 있습니다. 초등학교에 다니는 아이들의 경우에는 직접 연주할 수 있는 악기입니다.

어린이 라이어는 왼쪽 팔에 아이를 안은 것처럼 들거나, 왼손바닥 위에 올려놓거나, 혹은 무릎 위에 올려놓고 연주합니다. 손톱이 아닌 손가락 끝으로 현을 쓰다듬듯 연주합니다. 다섯 손가락 모두 사용할 수 있지만 대부분 약지를 사용해 연주합니다. 한 번 더 강조하지만 꼭 약지로만 연주하는 것은 아닙니다.

바깥에서 안쪽으로 소리 내고 싶은 현 위에 손가락 끝을 대고 손끝이 그 다음의 현에 착지하도록 합니다. 그 울림은 가녀린 새의 노랫소리 같기도 하고, 살랑살랑 불어오는 바람 소리 같기도 합니다.

볼륨이 큰 클래식 악기들과는 다른 울림입니다. 그래서 그 소리를 답답하게 여기는 어른들도 종종 있습니다. 하지만 울림이 여리기 때문에, 신생아(미숙아)를 위한 음악치료에서 사용이 가능한 것입니다. 소음 속에

사는 현대의 아이들이 귀 기울이는 연습을 하기에도 훌륭합니다.[5]

이것이 발도르프 유아교육 현장에서 그리고 발도르프 학교에서 어린이 라이어를 사용하고 그것을 연주하는 이유지만, 이보다 더 중요한 근본적인 다른 이유가 또 있습니다. 그것은 어린이 라이어를 제작하게 된 배경에서 찾아볼 수 있습니다. 같은 현악기인데도 바이올린이나 첼로의 경우 연령에 따른 사이즈가 있습니다. 어린이가 바이올린이나 첼로를 연주할 때 성인이 연주하는 악기에서 사이즈만 축소시킨 악기로 연주하게 됩니다.

하지만 발도르프 교육에서는 성인용의 악기를 축소시켜 사용하는 것보다는 어린이에게 맞는, 어린이를 위한 악기를 찾아내기 위해 숙고한 끝에 어린이 라이어를 제작하게 된 것입니다. 어린이에게 맞는 악기라 함은 움직임이 활발한 유년기 아이들의 특성을 고려하여 첫째, 움직이며 연주할 수 있고 둘째, 박과 화음에 얽매이지 않는 자유로움을 가진 악기인 것입니다.

이 두 가지 특성을 숙고해본다면 경제적인 부담을 느끼면서까지 어린이 라이어를 수업 재료로 사용하지 않아도 된다는 사실이 분명해집니다. 움직이며 연주할 수 있고, 박과 화음에 얽매이지 않으며, 소리에 귀 기울게 할 수 있는 어린이용 악기는 생각보다 많습니다. 트라이앵글, 작은 종, 나뭇가지와 조약돌, 작은 실로폰 등 그것을 교사가 어떤 식으로 수업에서 사용하느냐에 따라 다양하고도 변화무쌍한 음악수업이 가능합니다.

이렇게 본질을 파악해야 창조적인 기악수업이 가능합니다. 그렇지 않으면 똑같은 수업재료를 가지고 획일적인 교수법으로 이루어지는 생기 없는 수업이 될 수밖에 없습니다. 무엇이 꼭 필요하고, 무엇은 절대 안 된다는 사고는 발도르프 교육과 어울리지 않습니다.

지금까지 악기의 특성과 음악적 요소들의 관계를 인지학적인 관점에서 살펴보았습니다. 특별히 흥미가 생기는 악기를 찾지 못한 아이의 경우에는 아이가 사고, 감정, 의지 중 어디에 해당하는 부분이 두드러지는지에 따라 아이와 닮은 악기를 찾을 수 있습니다. 반대로 사고와 의지 중 어느 한쪽으로 너무 기울어져 불균형을 보이는 아이라면, 오히려 균형을 위해 그 아이와 반대되는 특성의 악기를 선택할 수 있다고 했습니다. 이것은 아이가 스스로 끌리는 악기를 찾지 못했을 경우에 해당되는 이야기입니다.

아이의 취향을 무시한 채 아이의 특성과 닮은 악기만을 고집한다면, 그것은 창조적인 교육이 아니라 마치 요리 레시피를 사용하는 것과 같습니다. 아이들은 스스로 자기와 닮은 악기를 찾기도 하지만, 자기와 전혀 다른 특성을 가진 악기에 매료될 수도 있기 때문입니다.

금속, 나무 등 악기의 재질에 의해 그것에 끌릴 수도 있고 악기의 형태에 끌릴 수도 있습니다. 하지만 이러한 아이들의 개별적 취향을 무시한 채 악기를 권한다면, 그것은 아이들을 단지 '사고 인간' 혹은 '의지 인간'처럼 획일적으로 구분하여 일종의 처방전을 제시하는 것이 됩니다.

5장

리코더를 재미있게
가르치는 방법

오랜 기간 사랑을 받던 리코더는 약 150년가량 음향적으로 풍성한 오케스트라 악기들의 그림자에 가려지기도 했었습니다. 그러다 1906년 18세기의 리코더를 전수받은 아놀드 돌메치가 관심을 갖고 그로부터 약 10년 후 현대적인 리코더를 만들어내기에 이릅니다.

∫ 리코더의
역사

리코더는 굉장히 긴 역사를 가진 관악기입니다. 초
등학교 시절 누구나 한번쯤 접해본 '다루기 쉬운' 악기로 알려져 있습니
다. 최초의 리코더는 아주 단순한 나무로 된 관에 불과했습니다. 시간이
흐르면서 그것이 오늘날의 형태로까지 발전한 것입니다.

리코더가 유행이던 16세기에는 많은 가정에서 크기별로 수집하고,
저녁식사에 사람들을 초대해 연주하기도 했습니다. 일종의 하우스 음악
회를 즐긴 것입니다.

1700년 경 오보에(oboe, 원뿔 모양의 관으로 고음을 내는 관악기)와 파곳(fagott,
원뿔 모양의 관으로 저음을 내는 관악기)을 만들어낸 악기 제작자 집안의 손자인
자끄 오트테르(Jacques Hotteterre)가 이 단순한 리코더의 음역을 조화롭게 확

장시킵니다. 그러자 그 시대(바로크)의 작곡가들(바흐, 헨델)은 리코더가 연주될 수 있는 곡들을 만들어냈습니다.

　오랜 기간 사랑을 받던 리코더는 약 150년 가량 음향적으로 풍성한 오케스트라 악기들의 그림자에 가려지기도 했었습니다. 비올라(viola, 바이올린보다 조금 크고 첼로보다 작은 크기의 현악기)나 쳄발로(cembalo, 그랜드 피아노와 비슷하나 크기는 작은 건반 악기)와 같은 여린 음색의 악기들과 합주되던 리코더는 피아노나 바이올린과 같은 볼륨이 큰 악기들로 인해 잠시 사라졌었습니다. 그러다 1906년 18세기의 리코더를 전수받은 아놀드 돌메치(Arnold Dolmetsch)가 관심을 갖고 그로부터 약 10년 후 현대적인 리코더를 만들어내기에 이릅니다.

　오늘날 이 '다루기 쉬운' 악기는 결코 다루기 쉽지 않음에도 불구하고, 종종 '시시한 악기'로 치부합니다. 그 이유는 바로, 생기 없고 간소화된 지도방식 때문입니다.

　초등학교 입학 후 처음으로 접하는 '다루기 쉬운' 멜로디 악기, 소프라노 리코더. 여기에 악기 연주에 대한 전반적인 초석을 마련하는 큰 과제가 담겨 있습니다. 리코더는 노래 부르기와 더불어 평소에 인지하지 못하는 호흡의 흐름과 그 세기를 인지하도록 하는 악기입니다.

　노래의 경우는 나 자체가 악기라서 주관적이고 직접적입니다. 하지만, 리코더를 연주한다는 것은 나 아닌 다른 사물에 의해 내가 드러나는 것입니다. 다시 말해 간접적으로 나의 존재를 확인할 수 있습니다. 악기를 통해(호흡을 통해) 나는 내가 확대되기도 하고 축소되기도 하는 경험을 합니다. 이것이 슈타이너가 중요하게 여기는 부분입니다.

리코더 지도에 앞서

　　　　　아이들과 함께 리코더를 시작하기 전에 교사는 우선 리코더를 잘 관찰해 보아야 합니다. 가늘고 길쭉한 몸체, 앞과 뒤에는 손가락으로 막거나 열어야 할 구멍들, 그리고 취구(입김을 불어넣는 구멍)가 보입니다. 나무 혹은 플라스틱 등의 재질도 느껴집니다.

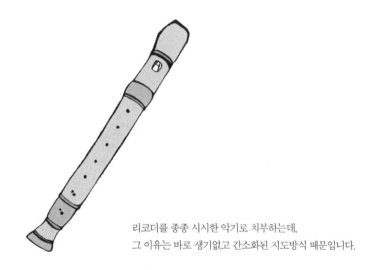

리코더를 종종 시시한 악기로 치부하는데,
그 이유는 바로 생기없고 간소화된 지도방식 때문입니다.

물론 나무로 만들어진 리코더를 사용하는 것이 소리 면에서나 촉감에 있어서 좋지만 여기서는 그것을 강조하지 않을 것입니다.

교육자라면 진정한 물질주의자(인간에게 이로운 좋은 재료를 찾는다는 의미)가 되어야 합니다. 하지만 재질에 따른 가격 차이로 재료 준비가 부담스러워서는 안 됩니다. 그것은 마치 연필심이 흐려서 공부를 할 수 없다는 이야기와 같기 때문입니다. 좋은 물질을 함께 나누고 누리는 것이 아니라 비싼 값에 팔면서 그것을 사용하는 것이 진리인 것처럼 합리화시킨다면 그것은 상술에 지나지 않습니다.

실제로 제가 아는 한 피아니스트는 가정 형편이 어려워 줄이 끊어진 낡은 피아노 한 대로 연습하여 콩쿨에서 우승했습니다. 그랜드 피아노가 아니면 연습을 할 수 없는 또 다른 한 피아니스트는 전문 연주자로의 실력을 충분히 갖추지 못한 상태입니다.

수업에 있어서 '물질보다 더 중요한 재료는 바로 교사'입니다. 리코더를 관찰하다 보면, 리코더는 생명체가 아닌 하나의 물체지만 우리의 호흡을 얻는 순간 살아납니다. 우리의 호흡이 리코더에 생명을 부여하는 것입니다.

호흡은 삶, 그리고 죽음과 연결되어 있습니다. 호흡이 시작되는 순간 삶이 시작되며, 호흡이 멈추는 순간 삶은 마감됩니다. 즉, 악기가 호흡하는 순간 음악이 깨어나고 살아납니다.

호흡을 하고 있을 때 사람의 몸이 따뜻하게 유지되는 것처럼, 우리가 리코더에 호흡을 불어넣으면 리코더의 몸이 따뜻하게 데워지는 것을 경

리코더를 가르치기 전에
아이들에게 리코더에
대한 호기심과 관심을
먼저 불러일으키는 것이
중요합니다.

험할 수 있습니다. 리코더를 깨우는 방법은 바로 호흡입니다.

아이들과의 첫 리코더 수업에서 이 모든 것을 간과한 채 바로 정형하
된, 소위 말해 바른 입모양을 만들게 하여 취구에 입을 대게 하거나 운지
법을 먼저 배우게 한다면 생기 넘치는 시간으로 이끌기 어렵습니다.

리코더를 악기로써 가르치기 전에, 아이들에게 리코더에 대한 호기심
과 관심을 먼저 불러일으키는 것이 중요합니다. 창조적인 교사라면 그러
한 방법을 다양하게 생각해낼 수 있을 것입니다.

그럼 어떻게 수업을 시작하면 좋을지 그 예를 하나 제시하겠습니다.
아이들 모두가 리코더 깨우는 시간을 갖는 것입니다. 리코더의 가운데 구
멍 2~3개에 차례대로 약한 입김을 불어 넣습니다.

그리고 리코더를 손으로 만져보게 하면 아이들은 따뜻해진 리코더를 경험합니다. 리코더를 함께 깨워보자는 교사의 생기 넘치는 이야기를 들으며, 정말 짧은 순간이지만 리코더를 따뜻하게 데우는 시간을 경험하는 아이들은 그 악기를 소중하게 다루게 됩니다.

이 방법은 1학년 후반에서 2학년까지 적합합니다. 3학년이 되기 전에 꼭 리코더의 모든 음을 다 불 수 있어야 하는 것은 아닙니다. 소리내기 쉬운 중간 음역을 이용해 다양한 놀이와 연주를 즐길 수 있습니다. 그렇게 지도하여 3학년이 되면 모든 음을 사용해 본격적인 동요 연주를 어렵지 않게 할 수 있습니다.

2학년까지 매일 혹은 주 2~3회 정도는 5~10분간 리코더를 통한 생기 넘치는 음악적 경험을 갖는 것이 중요합니다.

이제 아이들과 함께 하는 놀이 식의 다양한 연습방법을 소개하겠습니다. 이 방법은 전형적인 발도르프 교육 방식입니다. 여기서 말하는 '발도르프 교육'이라는 말의 뜻은, 다시 강조하지만 무언가 특수하거나 특별한 것이 아닙니다. 단지, '아이들의 발달과정을 고려하는 자연스러운 교육'이라는 의미입니다.

다음에 소개하는 연습방법은 음악교육자이자, 음악치료사인 게어하르트 바일하르츠(Gerhardt Beilharz)에 의한 5음계 리코더 지도 방식에 근거하였습니다.

♪ 리코더 구멍을
손에 익히는 연습1

        초등학교에서 흔히 사용하는 소프라노 리코더의 구멍은 뒤에 한 개, 그리고 앞에 일곱 개의 구멍이 있습니다. 물론 제일 아래에 위치한 두 개는 각각 두 개씩의 구멍이 있지만, 여기서는 그것을 하나씩으로만 표현하겠습니다. 리코더를 손에 들자마자 손가락으로 구멍을 막는 것이 아이들에게 간단한 일은 아닙니다.

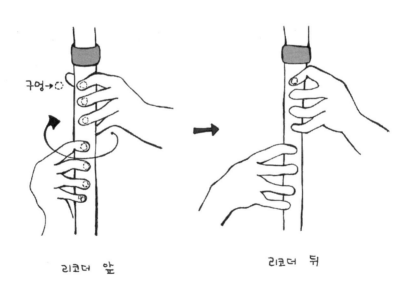

리코더 앞   리코더 뒤

리코더를 바로 손가락으로 구멍을 막는 것이 아이들에게 간단한 일은 아닙니다.

먼저 교사의 손을 보고 그대로 따라서 한 손가락씩 구멍을 막을 수 있게 하여 모든 구멍을 다 막아보게 합니다. 그리고 난 뒤, 뒤에 있는 구멍이 앞으로 오게 리코더를 오른쪽으로 돌려보게 합니다. 돌리는 방향에는 특별한 의미가 없습니다. 다만, 돌리는 방향은 통일해야 합니다.

그러면 앞의 구멍은 뒤로 가고, 이제 앞에는 구멍이 하나입니다. 여기서 잠시 멈췄다가, 리코더를 다시 오른쪽으로 돌려 7개의 구멍이 앞으로 오게 합니다. 물론 열손가락 끝으로 리코더를 돌리는 것입니다. 다 돌렸을 때 손가락은 리코더의 몸에 붙어 있어야 합니다. 이를 통해 아이들은 '원의 반지름과 지름'을 자연스럽게 경험합니다.

이렇게 몇 번 연습을 하고 나면, 왼쪽으로도 돌려 앞의 구멍이 모두 뒤로 가도록 합니다. 이때 교사는 "반만 돌리자"라고 말하는 것보다, "앞에 있는 구멍을 뒤로 다 숨겨보자"라고 말하는 것이 자연스럽습니다.

♪ 리코더 구멍을 손에 익히는 연습 2

이번에는 양손가락으로 리코더의 구멍을 모두 막은 상태에서 교사가 이야기를 지어 들려줍니다. 양 손가락으로 구멍을 다 막으면, 오른손은 아래에 왼손은 위에 위치합니다. 이 상태에서 오른손만 리코더에서 떼어, "새가 훨훨 날아갔다가 다시 둥지로 돌아오지요"라는 말을 들려줍니다. 동시에 오른손으로 새가 날아가듯 새의 날개짓을 하며 등 뒤로 숨깁니다. 그리고 다시 둥지로 돌아오는 것처럼 그 손을 리코더의 아래쪽으로 가져가 바로 구멍을 막습니다.

이때 아이들은 바로 구멍을 막는 것이 쉽지 않을 것입니다. 그렇기 때문에 떼었던 손가락들을 다시 구멍에 댈 수 있도록 교사는 천천히 이야기합니다. 왼손도 마찬가지입니다. 새 이야기는 하나의 예입니다. 교사들은 그러한 이야기를 얼마든지 재미있게 만들어낼 수 있습니다.

어느 정도 익숙해지면 "다시 둥지로 재빠르게 돌아오지요" 하며 빠르게 말합니다. 그리고 등 뒤로 숨겼던 손으로 재빠르게 구멍을 막도록 연습합니다.

"새가 훨훨 날아갔다가 다시 둥지로 돌아오지요"

이것은 놀이에 가까운 자연스러운 연습방법입니다. 양손을 번갈아가며 연습할 수 있습니다. 이 연습으로 인해 단지, 즐거운 분위기만 만들어지는 것이 아닙니다. 아이들은 교사가 어떻게 말을 하는지에 따라 놀라울 정도로 집중하는 모습을 보여줍니다.

교사가 천천히 말하면, 안심하며 구멍을 더듬거리며 찾아 막습니다. 빠르게 말하면, 즐거워하며 다급하게 구멍을 막는 아이들의 모습을 볼 수 있습니다. 연습 1과 연습 2 모두 아이들이 눈으로 구멍을 보지 않고 막을 수 있을 때까지 연습하게 합니다.

간단하고도 효과적인 연습방법을 한 가지 더 알려 드리면 다음과 같습니다. 모든 손가락으로 구멍을 다 막은 뒤 손끝에 구멍 자국이 생길 정도로 그 구멍을 힘껏 누릅니다. 그리고 난 뒤 한 손씩 잠시 떼었다가 다시 구멍을 막아보는 연습입니다.

♪ 리코더와의 첫 만남
: 소리내기

리코더를 입으로 불어 소리 내는 것 자체가 아이들에게는 이미 즐거운 상태입니다. 대신 어른들은 괴로운 경험을 하게 됩니다. 아이들은 순식간에 리코더로 얼마나 큰 소리를 내는 것이 가능한지 시험해 보는 '리코더 탐구자'가 되기 때문입니다. 이것은 자기 호흡을 시험해 보는 것입니다. 이러한 탐구자의 자세는 아이들이 건강하다는 증거이기도 합니다.

호기심 가득한 아이들에게는 예술적인 기술보다는 사물 그 자체가 매력적으로 다가가기 때문입니다. 그래서 아이가 어리면 어릴수록 악기는 악기라기보다는 장난감으로 사용되는 경우를 볼 수 있습니다.

학교를 들어가기 전의 아이가 캐스터네츠와 탬버린의 연주법보다, 그것이 가진 소리와 그 모양 자체를 즐기며 그것을 가지고 소꿉놀이를 하는 것도 그 예입니다. 탬버린을 엎어 놓고 그것을 냄비로 사용해 국을 끓이는 흉내를 내거나, 캐스터네츠를 손바닥 위에 올려놓고 손거울을 보듯 얼굴을 들이미는 등 참으로 창의력이 돋보이는 놀이입니다.

우리 어른들은 캐스터네츠를 그저 악기 캐스터네츠로 볼 뿐입니다. 그래서 아이에게 그 연주법을 가르치려 합니다. 아이는 이미 스스로 탐구하며 그 사물에 대해 알아가고 있는데, 그것을 전혀 모르는 어른들은 아이의 행동을 교정하려 합니다. 그리고 아이의 행위가 그릇된 것이라는 인상만 남깁니다.

리코더 이야기로 돌아와, 대부분의 아이들은 그렇게 자신의 입김을 시험해 보는 가운데 스스로 그 힘을 조절합니다. 어느 순간, 언제 가장 듣기 좋은 소리가 나오는지 알게 됩니다. 아이들이 처음 리코더를 만나게 되었을 때부터 텅잉(tonguing, 관악기를 입으로 불 때 혀끝으로 소리를 끊거나 변형시키는 연주법)을 해야 하는 것이 아닙니다. 리코더를 통한 즐거운 놀이를 위해 텅잉보다 가벼운 입김에 대해 지도하는 것이 좋습니다.

리코더를 처음 불기 시작할 때 특별한 기술이 아닌 단순하게 '후~' 하고 불어도 괜찮습니다. 이때 입김의 세기가 어때야 하는지를 가르치는 것은 여러 리코더 교본에도 나와 있듯이, 작은 촛불을 불어서 끌 때 또는 민들레 홀씨를 불 때 같은 세기로 분다고 예를 들어줍니다.

또 다른 방법은 두 명이 한 쌍이 되어 마주 보고 서게 합니다. 한 아이는 입김을 불고, 다른 한 아이는 입김을 부는 아이 입 근처에 손바닥을 댑니다. 손바닥과 입 사이의 거리를 점점 넓혀가면서 어디까지 입김이 오는지 시험해 봅니다. 또 입김을 부는 아이가 스스로 입김을 조절해, 손바닥을 내밀고 있는 아이가 가까이에 있어도 입김을 느끼지 못하도록 하는 연

리코더를 처음 불기 시작할 때, 특별한 기술이 아닌 단순하게 '후~' 하고 불어도 괜찮습니다.

습을 할 수 있습니다.

　이제 리코더 구멍의 위치도 익숙해졌고 입김의 조절도 가능해졌으니 본격적으로 리코더를 불어보겠습니다. 그러나 처음부터 완성된 노래를 연주하는 것은 아닙니다. 그것은 3학년이 되면 얼마든지 할 수 있습니다.

　먼저 악보 없이 연습합니다. '어떻게' 악보 없이 연습할 수 있을까보다 중요한 건 '악보 없이 음악시간을 시작한다'는 것입니다. 앞서도 말씀드렸듯이 아이들은 언어를 배울 때 먼저 듣고 따라합니다. 귀를 사용해 모방하여 배운 뒤 글을 읽고 씁니다. 마찬가지로 음악도 나중에 악보를 보고 그리는 연습을 할 수 있습니다. 만 9세 이하의 아이들이 노래를 배울 때 악보 없이 교사의 선창을 따라 하는 것과 같습니다.

　리코더에서 손가락의 움직임은 교사가 하는 모습을 통해 따라 배울 수 있습니다. 아시다시피 소프라노 리코더에서 저음부를 소리 내는 것이 어렵습니다. 그렇기 때문에 중간 음인 '미, 파, 솔, 라, 시' 이 다섯 개 음만 불며 그 운지를 아이들이 따라하도록 합니다. 이때 이야기를 들려주듯 두 개의 음으로 이루어진 노래를 함께 연주해 볼 수 있습니다.

　예를 들어, 리코더 구멍을 쥐구멍에 비유합니다. 막고 있는 손가락이 쥐구멍을 막고 있는 상태입니다. 손가락을 떼면 쥐들이 나와 돌아다닐 수 있도록 쥐구멍을 열어주는 것이라 이야기합니다. 지금 우리가 다룰 음은 '미'와 '시'입니다. '미'와 '시'만으로 노래를 한다면 쥐구멍 이야기와 잘 어울립니다. 먼저 불지 말고 손가락만 운지대로 움직이며 다음과 같이 이야기하듯 말합니다.

작 은 생 쥐 야(길게 쉼)

(미 미 미 미 시)

어 서 나 – 와(길게 쉼)

(미 미 미 – 시)

곡 – 식 – 을(길게 쉼)

(미 – 미 – 시)

주 – 어 – 라(길게 쉼)

(미 – 미 – 시)

'작은 생쥐'에서는 구멍을 '미'의 운지에 맞게 모두 막습니다. 그리고 '야'에서 구멍을 다 열어 '시' 운지에 맞도록 합니다. 계속 반복하는 동작은 마치 정말로 작은 쥐를 불러내는 것처럼 구멍을 열어주는 동작입니다.

또 반대로 생쥐를 집으로 들여보내는 것은 다음과 같이 반대로 할 수 있습니다.

작 은 생 쥐 야(길게 쉼)

(시 시 시 시 미)

재 빨 리 숨 어(길게 쉼)

(시 시 시 시 미)

고 – 양 이 에 게(쉬지 않고)

(시 – 시 시 미 미)

들 키 지 않 게(끝)

(시 시 시 시 미)

이것은 반대로 구멍을 다 연 상태에서 다시 다 막아주는 동작입니다. 정말 고양이에게 잡히기 전에 쥐가 빨리 숨어야 할 것 같은 느낌을 줍니다. 이렇게 교사의 이야기를 듣고 함께 말하며 손으로 따라합니다. 익숙해지면 취구에 입을 대고 입김을 불어 넣어 노래를 연주합니다. 어른들에게는 단순할지 몰라도 아이들에게는 굉장한 일입니다.

리코더로 연주하는 생애 첫 곡 '작은 생쥐' 입니다! 단선율의 짧은 이 곡이 아이들과 함께 얼마나 순수하게 울려 퍼지는지 경험해보세요. 화음에 익숙한 어른들에게 단선율이 얼마나 아름다운지 깨닫게 해주는 경험이 될 것입니다.

이렇게 두 개의 음만 가지고도 교사의 상상력으로 얼마든지 멋진 노래를 만들어낼 수 있습니다. 두 개에서 세 개의 음으로 늘려보고, 그리고 또 네 개의 음으로, 드디어 다섯 개의 음까지 확장시킵니다. 나중에는 모든 음을 다 사용할 수 있게 되는 날이 옵니다.

놀이 식의 연습

다섯 개의 음만으로 모방 놀이를 이어갈 수 있습니다. 아직은 귀로만 들으면서 하는 연습이 어려울 수 있습니다. 지금까지 교사의 손가락이 어떤 구멍을 막는지 눈으로 보며 모방을 통해 연습했기 때문입니다. 그러므로 우선 교사와 아이들이 마주 본 상태로 연습합니다. 이때 모두가 서로를 볼 수 있게 원의 형태로 만드는 것이 좋습니다.

교사가 먼저 한 음을 불고, 아이들이 그대로 똑같은 음을 소리 냅니다. 한 음으로 시작하여 점차 두 개, 세 개의 음으로까지 늘려갑니다. 교사의 제시음을 듣고 아이들이 메아리 소리를 내도록 하다가 익숙해지면, 한 아이씩 돌아가며 교사의 역할을 할 수 있습니다.

교사가 음을 두 개로 늘렸을 때 두 가지 주의할 점이 있습니다. 하나는 음정의 간격을 크게 잡지 말고, 2도 간격의 음정으로 시작합니다. 또 다른 하나는 다시 음을 들려줄 때, 두 개의 음 중 마지막 음부터 시작합니다. 비록 두 개의 음이라 할지라도 음정의 간격이 크면, 손가락 바꾸기가 아직 익숙하지 않은 아이들에게는 어려울 수 있기 때문입니다.

이렇게 연습한 후에 음정 간격이 큰 두 음을 시도할 수 있습니다. 이때도 새로 들려주는 음이 바로 직전의 마지막 음으로 시작합니다.

이런 연습이 익숙해지면 음을 세 개로 늘려서 연주해봅니다.

지금까지의 연습은 보고 듣기로 이루어진 연습이었습니다. 이제 듣기로만 하는 연습방법을 살펴보겠습니다. 마찬가지로 놀이식의 연습이 가능합니다. 서로 손가락을 보며 눈을 사용해 연습해, 다섯 개의 음을 소리 내는 것에 익숙해졌다면 다음과 같이 연습해봅니다.

청음연습

처음에 교사가 본보기로 도움을 줍니다. 모두 앞을 보고 일렬로 나란히 섭니다. 제일 앞에 선 사람, 즉 교사는 리코더로 다섯 개의 음 중 한 음을 소리 냅니다. 그러면 바로 뒷사람이 똑같은 음을 소리 냅니다.

뒷사람이 음을 맞추면 앞사람은 제일 뒤에 가 섭니다. 그렇게 해서 다시 맨 앞에 선 사람은 또 한 음을 소리 내고 뒷사람은 그 소리를 냅니다. 만약 뒷사람이 앞사람의 소리와 같은 음을 찾지 못한다면, 앞사람은 뒷사람이 음을 찾을 수 있을 때까지 몇 번 더 소리를 내줍니다. 이 연습방법도 처음에는 한 음으로 시작하지만 점차 음의 수를 늘려나갈 수 있습니다.

청음연습은 집중력을 향상시키는 효과까지 있습니다.

♪ 릴레이 연습 1

아이들과 함께 순서를 정해 첫 번째 사람이 한 음을 소리 냅니다. 그 다음 사람은 그 사람의 소리에 다른 음을 하나 더 소리 냅니다. 첫 번째 사람과 같은 음도 괜찮습니다. 그러면 세 번째 사람은 첫 번째 사람과 두 번째 사람의 음에 또 다른 혹은 같은, 자신의 음을 하나 더 덧붙입니다.

이렇게 음이 하나씩 늘면서 청음은 물론, 집중력도 키울 수 있습니다. 마지막 사람은 멋진 한 곡을 연주하게 되겠지요. 만약 듣고 외울 수 없을 정도로 인원수가 너무 많다면 교사가 적당히 구분지어 여러 그룹으로 나누어 연습할 수 있습니다. 한 그룹이 연습하는 동안 다른 그룹의 연습을 경청하는 것 또한 연습입니다.

첫 번째 사람   두 번째   세 번째   네 번째   다섯 번째   여섯 번째

♪ 릴레이 연습 2

　　　　릴레이 연습 1과 반대로 하는 방법입니다. 릴레이 연습 1에서 즉흥적인 곡이 하나 탄생했습니다. 모두 같이 그 곡을 불어서 연습한 뒤 다시 순서를 정하여 첫 번째 사람이 혼자 그 곡을 리코더로 붑니다. 두 번째 사람은 그 곡에서 마지막 음을 생략합니다. 이런 식으로 진행하면 마지막 사람은 단 한 음만 소리 내게 됩니다. 이러한 놀이라면 음악시간이 즐겁지 않을 수 없습니다.

첫 번째 사람　　두 번째　　세 번째　네 번째 다섯 번째 끝

릴레이 연습 3

이 방법이야말로 '릴레이'라는 단어가 어울리는 연습방법입니다. 첫 번째 사람이 두 음을 연달아 소리 냅니다. 다음 사람이 그 두 음중 마지막 음부터 또 두 음을 소리 냅니다.

첫 번째 사람 두 번째   세 번째   네 번째

이 연습은 연이어 나오는 리코더 소리로 인해, 마치 여러 명이 협동하여 멋진 즉흥곡 하나를 만들어내는 것과 같습니다. 처음에는 리듬의 변화 없이 단순하게 소리를 내다 어느 정도 익숙해지면, 처음 시작하는 사람이 리듬까지 제시할 수 있습니다. 그래서 모두 연주하는 음은 다르지만 같은 리듬으로 연주할 수도 있고, 언젠가는 마음껏 리듬을 변형하며 연주하는 날도 올 것입니다. 이러한 즉흥연주를 통해 '창조적인 음악수업'이 이루집니다.

이번에는 크레센도(crescendo, 소리가 점점 커지는 것)와 데크레센도(decrescendo, 소리가 점점 작아지는 것)를 자연스럽게 경험할 수 있는 연습방법입니다.

♪ 크레셴도 연습

　　　　　이 연습방법 역시 여러 명이 협력하여 경험하게 해 줍니다. 한 음을 사용하여 그 음량을 확대시키는 방법입니다. '미'부터 '시'까지의 다섯 음 중 원하는 음을 하나 골라 첫 번째 사람이 그 음을 붑니다. 두 번째 사람이 따라서 그 음을 붑니다.

제일 마지막 사람이 그 음을 불 때까지 첫 번째 사람부터 마지막 사람 바로 앞사람까지 계속 소리를 내고 있어야 합니다. 소리를 추가해 점점 커지는 것을 듣는 연습입니다.

만약 네 명이 '솔' 음으로 이 연습을 한다면, 다섯 명의 악보는 각각 다음과 같습니다.

첫 사람의 악보　　두 번째 사람　　세 번째　　　네 번째

♪ 데크레센도 연습

크레센도 연습과 반대로 진행됩니다. 모두 함께 똑같은 음을 불고 있는 가운데 한 명씩 차례대로 소리를 멈춥니다. 제일 마지막에는 한 사람만 소리를 내는 것입니다. 이렇게 되면 소리가 점점 줄어드는 것을 경험할 수 있습니다.

첫 번째 사람의   두 번째   세 번째   네 번째
악보

지금까지 누구나 즐겁게 배울 수 있는, 살아 있는 소프라노 리코더 지도법을 알려드렸습니다. 사고가 유연한 교사라면 이 외에도 다양한 방식을 창조해낼 수 있습니다. 무엇보다도 발도르프 교육은 언제 어디서나 실천할 수 있는 교육이라는 점을 강조하고 싶습니다

저는 이 책을 통해 보여주기 위한 교육이 아닌 진정한 교육의 본질을 이야기 하고자 노력했습니다. 혹시라도 '남의 교수법'을 그대로 모방할 목적으로 이 책을 선택하셨다면, 결코 이 내용을 온전히 이해하고 활용하기 어려울 것입니다.

유년기 아이들을 위한 자연스러운 음악교육에 대해 말씀드리면서 저는 처음부터 음악을 논하기보다는, 한국에 보급된 발도르프 교육에 대한 왜곡된 해석을 바로잡고자 자연스러운 교육의 본질에 대해 말씀드렸습니다.

또한 피아니스트로서 그리고 음악치료사로서의 경험을 통해 얻은 인식들을 바탕으로 언어발달장애, ADHD의 원인 및 아이의 발달을 장려할 수 있는 가능성들을 말씀드렸습니다. 특히 아이가 다룰 악기 선택에 있어 피아노를 택할 때의 주의사항을 강조했고, 동시에 발도르프 학교의 상징처럼 비춰지는 악기인 어린이 라이어에 대해 짧게 소개하였습니다.

끝으로 마지막 장에서는 국내 초등학교에서 현재 사용되는 리코더를 더 생기 있게 지도하는 방법을 소개하였습니다. 이것은 루돌프 슈타이너가 이야기 하는 음악적 본질에 대해 깊이 있게 고민하는 발도르프 학교의 음악교육자들, 그리고 인지학적 음악치료를 실천하는 음악치료사들의 창조적인 교수법에 근거하였습니다. 또한 유년기 아이들이 쉽게 따라 부를 수 있는 노래의 악보를 이 책의 맨 마지막에 부록으로 실었습니다.

발도르프 학교의 설립 역사와 발도르프 교육의 특징에 대해 서술한 책들은 이미 국내에 많이 출판되어 있기 때문에, 여기서는 그 부분을 별도로 다루지 않았습니다. 대신 그에 대해 알 수 있는 대표적인 저서 하나를 추천하고자 합니다.《자유를 향한 교육》(프란스 칼그렌과 아르네 클링보르그)이 그것입니다.

지금 우리 아이들에게는 감각적 자극을 일방적으로 받는 환경이 아니라, 나의 감각을 능동적으로 사용하며 살아갈 수 있는 교육적 환경이 필요합니다. 이것이 바로 진정으로 사고하고, 느끼며 행동하는 인간을 길러내는 교육입니다. 그러기 위해서는 먼저 아이들을 교육하는 어른들의 감각부터 회복하는 것이 우선일 것입니다. 감각의 회복을 위한 방법을 찾는 것을 독자 여러분의 몫으로 남기고 저는 여기서 글을 마치려 합니다.

끝으로 이 책을 위해 도움을 주신 여러분들께 감사의 마음을 전달하고자 합니다. 저뿐만 아니라 많은 아이들에게 노래 부르기의 기쁨과 자유로움을 만끽시켜주신 서울 오류남 초등학교 2학년 7반 시절의 이인실 선생님, 목소리가 아닌 피아노라는 악기로 노래할 수 있도록 도와주신 임정란 선생님과 이정신 선생님, 지금까지도 음악에 대한 나의 끝없는 욕심을 채워주시며 음악 이전에 사람이 먼저 되어야 한다는 것을 늘 말씀이 아닌 행동으로 보여주시는 이데 유미꼬 교수님, 나의 일을 자기의 일처럼 소중히 여기며 내 연주회에서는 물론 항상 그림과 디자인으로 큰 도움을 주시는 마음이 풍요로운 미술작가 김정은 씨, 더 많은 사람들과 음악을 나눌 수 있도록 나와 함께 해주시는 그린나래 리코더오케스트라 단원 여러분들, 이 책이 세상에 나올 수 있도록 큰 도움을 준 물병자리 출판사와 권미경 편집장님, 그리고 내 주변의 모든 분들과, 내가 이 세상에 태어나 음악에 귀 기울일 수 있게 해주신 나의 첫 스승 부모님까지 모두 존경하고 감사드립니다.

부록

아이와 함께 부르는 계절 노래
(김현경 작사, 작곡)

봄

톡 톡 톡 톡 빗 방 울   하 나 둘 씩 떨 어 지 면

봄 이 와 요 음 - 음 -   봄 이 와 요 음 - 음 -

추 운 땅 을 적 셔 주 는 따 뜻 한 봄 비

2절: 톡톡톡톡 빗방울 하나 둘씩 떨어지면

새싹이 자라고 꽃이 피어나요

추운 땅을 녹여주는 따뜻한 봄비

여름(돌림노래 가능)

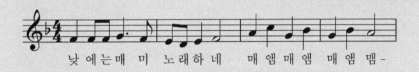

낮에는매미 노래하네 매앰매앰 매앰맴-

개구리해가지길 기다렸다가 개굴개굴개굴개굴 개굴개굴개굴

뻐꾸기그노래 가만히듣더니 나도함께 노래부를래

여름엔누가 뭐—래도 뻐꾹뻐꾹 내가최고지

가을 — 추석

들 판 에 씨 앗 을 뿌 려 주 고

두 발 로 힘 차 게 밟 아 주 면

봄 비 가 보 슬 보 슬 내 려 와 서

들 판 을 따 스 하 게 적 셔 주 네

2절: 한여름 뜨거운 태양이
들-판 위에서 빛나다가
소나기 주르륵 쏟아지면
쑥-쑥 어린 곡식 자라나요

3절: 바람이 분-다 이리저리
들판의 곡식이 춤을 추네
감사히 곡식을 거두어서
다함께 추석을 지내지요

4절: 이쪽 손 저쪽 손 맞잡고서
둥글게 둥글게 돌아봐요
밤하늘 둥-근 달-처럼
둥글게 둥글게 돌아봐요

겨울

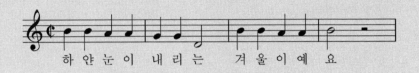

하얀 눈이 내리는 겨울이에요

나뭇가지 위에도 넓은 들판 위에도

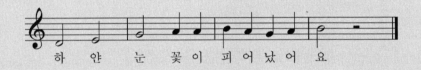

하얀 눈꽃이 피어났어요

2절: 하얀 눈이 내리는 겨울이에요

내- 머리(내 손등, 내 모자) 위에도 하얀 눈이 내려왔다

스르르 스르르 사라지지요

1 인지학(anthroposophy)은 그리스어인 'anthropos(인간)'과 'sophia(지혜)'의 합성어로 된 '인간의 지혜'라는 뜻을 가진 말입니다. 독일 관념론의 대표 철학자 셸링(F. W. Schelling, 1775~1854)과 피히테(J. G. Fichte, 1762~1814)는 물론 인류학자 I.P.V. 트록슬러(Ignaz Paul Vital Troxler, 1780~1866)와 같은 많은 사상가들이 이 말을 사용했습니다. 하지만 이 책에서 언급되는 인지학은 오스트리아 출신의 철학자이며 기독교 신비주의자이자 교육자였던 루돌프 슈타이너(1861~1925)의 정신과학(Geisteswissenschaft: spirit + science)적인 사상과 철학을 의미합니다. 그는 괴테(Johann Wolfgang Goethe, 1749~1832)의 영향을 받았으며 음악적인 관점에 있어서는 쇼펜하우어(Arthur Schopenhauer, 1788~1860)의 영향을 받았습니다. 인간의 본질을 물질(Leib), 영혼(Seele), 그리고 정신(Geist), 이렇게 세 관점으로 바라보는 슈타이너의 인지학은 인간이 '자기'를 인식하고 세상과 건강하게 관계를 맺으며 그것을 지켜 나갈 수 있도록 하기 위해 의학, 예술, 치료, 교육, 농업 등 다양한 분야에서 응용되고 있습니다.

2 오이리트미 수업에 대해 궁금하신 분은 국내에 번역 출판된 두 종의 책을 참고하시기 바랍니다. 《자유를 향한 교육》(프란스 칼그렌, 아르네 클링보르그)와 《슈타이너

학교의 예술로서의 교육》(고야스 미치코, 아게마스 유우지).

3 카이로스(Kairos)는 그리스 신화에 등장하는 제우스(Zeus)의 아들로, '기회의 신'입
니다. 기회라는 것은 '좋은 때'를 의미하기 때문에 결단이 필요한 순간 즉, 결단의
순간을 의미합니다. 이러한 순간은 경우에 따라 평생을 좌우하는 순간이 될 수도
있습니다. 순간의 탁월한 선택이 평생을 행복하게 한다거나, 순간의 경솔한 선택
이 평생을 괴롭게 만들 수 있는 것입니다. '카이로스의 시간'은 바로 '영원한 순간'
이라는 비유적인 의미로 사용됩니다. 좋은 추억이 평생 가는 것과도 같은 의미입
니다.

4 세 명의 라이어 제작자들에 대한 설명은 메히트힐트 라이어(Mechthild Laier)와 게하
르트 바일하르츠(Gerhard Beilharz)의 《Kinderharfe spielen(어린이 라이어 연주하기)》
에서 발췌한 것입니다.

5 어린이 라이어의 연주법에 대해 조금 더 자세히 알고 싶다면 저의 블로그(http://
blog.naver.com/ps301)를 참고하셔도 좋습니다.

알베르트 수스만, 2009. 영혼을 깨우는 12감각. 서영숙 옮김. 섬돌출판사

생떽쥐베리, 2007. 어린왕자. 김화영 옮김. 문학동네

쇼펜하우어, 1978. 세상을 보는 방법. 권기철 옮김. 동서문화사

Beilharz, G. & Kumpf, C. 2005. Übwege mit Pentatonischen Choroiflöten, Edition Zwischentöne, Weilheim/Teck

Beilharz, G. & Laier, M. 2009. Kinderharfe spielen - Anregung für Eltern und Erzieherinnen, Edition Zwischentöne, Weilheim/Teck

König, K. 1983. Heilpädagogische Diagnostik, Edition Natura Verlag, Arlesheim

Reinhold, S. 1996. Anthroposophische Musiktherapie, gesundheit aktiv. anthroposophische heilkunst e. v., Bad Liebenzell

Steiner, R. 1991. Das Wesen des Musikalischen und das Tonerlebnis im Menschen, Rudolf Steiner Verlag, Dornach/Schweiz

Wünsch, W. 1995. Meschenbildung durch Musik - Der Musikunterricht an der Waldorfschule, Verlag Freies Geistesleben, Stuttgart

"아이들은 음악 그 자체를 좋아합니다."